Magda-Helene Schröder:

Unser Mulchgarten
Neuanfang auf La Palma

Ein herzliches Dankeschön allen lieben Menschen, die mir halfen, dieses Buch zu schreiben.

In ersten Linie natürlich Horst, dem durch seine stete Rücksichtnahme, Hilfsbereitschaft und das Zurückstecken eigener Belange wesentlicher Anteil am Gelingen gebührt.

Dank an die Freundinnen und Freunde: Joachim, Ulfa, Marie-Luise Aschoff, Heinz Erven, Claus Merckens, Christina Luhl, Jamila und Liselotte.

Auch meiner Lektorin Ute Galter möchte ich meinen Dank aussprechen. Klug, einfühlsam und zuweilen auch Mut zusprechend führte sie mich durch alle Schwierigkeiten der Zeit des Werdens und Entstehens.

ISBN: 3-923176-89-9
© 1993: pala-verlag, Rheinstr. 37, 64283 Darmstadt
Alle Rechte vorbehalten
Lektorat: Ute Galter
Umschlagillustration: Margret Schneevoigt
Illustrationen: Margret Schneevoigt
Druck: Paderborner Druck Centrum

Magda-Helene Schröder

Unser Mulchgarten
Neuanfang auf La Palma

Inhaltsverzeichnis

Vorwort 7
Wir bauen Hochbeete 9
Lava - ein wertvolles Gestein 18
Das Phänomen Findhorn 22
Heinz Ervens *Paradies* 31
Fragen zum Mulchgarten
    Besucherinnen und Besucher kommen zu Wort 37
Die besten Tips 45
Upacchi
    Ein Traum und seine Folgen 53
Auf der Suche 59
Abschied 67
Aus meinem Tagebuch
    Über die ersten Tage auf La Palma 71
Unsere Insel (Ein Beitrag von Horst Lange) 87
Geschichten aus dem Garten 96
Kontakte und Freundschaften 118
Über das Mulchen 128
Bananenanbau 138
Die Kanarische Kiefer 142
Weihnachten 1992 145
Rückblick
    Der Kreis schließt sich 149
Nachwort 152

Die Autorin 154
Literaturtips 155
Bezugsquellen 156

Immer noch müssen die Naturschützer sich fragen lassen, warum zum Teufel man denn heutzutage noch die Heidelibelle brauche oder den großen Goldfalter, den Kalifornischen Kondor oder gar den Schwarzfußiltis.
Ja, warum eigentlich?
(...) Es stimmt nicht, daß der Mensch in einer sterbenden Natur ebenfalls sterben müsse. Wir werden uns das Wasser zum Trinken schon säubern, die Luft zum Atmen schon reinigen, die Nahrung schon synthetisieren, den Beton schon wohnlich machen und die Tiere aus Plüsch ans Herz drücken, ans versteinerte.
Denn nur inwendig werden wir sterben!

Horst Stern in: Spielregeln der Natur
von Veronika Straaß.

> Tritt zurück -
> > wenn du vorwärts schreiten willst!
> Schließ deine Augen -
> > und du wirst tiefer schauen.
> Schenke -
> > wenn du reich werden möchtest!
>
> *Magda H. Schröder*

Vorwort

Eines schönen Tages im Winter 1990 erhielt ich einen Brief von einem gewissen, mir bis zu diesem Zeitpunkt völlig unbekannten Horst Lange aus Hannover. Darin klagte er mir sein Leid über die Schwierigkeiten, die ihm die Umstellung auf die Rohkost immer noch bereite.

Er hatte das Buch von Jamila Peiter „Die Heilkraft der Vital-Ernährung" gelesen, in dem auch ein Beitrag von mir über meine Erfahrungen zu diesem Thema enthalten ist. Horst Lange hatte die angeführte Kontaktadresse benutzt, um mit mir Verbindung aufzunehmen. Er schrieb mir, daß er in seiner Familie seit dem Tode seiner Frau nun keinen Menschen mehr habe, der sich auf Rohkostbasis ernähre und mit dem er sich besprechen könne. Daher wolle er sich vertrauensvoll an mich wenden.

Etwas in dem Brief rührte mich an, so daß ich ihm zurückschrieb und ihn einlud, einmal zu mir zu kommen, um über dieses Thema zu reden. Freudig stimmte er zu, und eines sehr stürmischen und kalten Märztages holte ich ihn von unserer Bushaltestelle ab. Ein eisiger Wind fegte über die Hänge des Bückeberges und trieb dicke Schneewolken vor sich her.

Wir freuten uns, als wir meine schützenden vier Wände erreichten und uns am gemütlichen Kachelofen aufwärmen konnten. Als er meinen riesigen Garten sah, der nun mit einer Schneedecke überzuckert zu unseren Füßen lag, und ich ihm von meiner Not berichtete, Haus, Hof und Garten seit dem Tode meines Mannes ganz allein zu bewirtschaften und zu pflegen, taute er so richtig auf. Er erzählte, auch er sei ein begeisterter Hobbygärtner, doch habe er in der Stadt nun leider keine Gelegenheit mehr, um diesem Hobby zu frönen. Gerne aber würde er im Frühjahr einmal ein paar Tage herkommen, um mir zu helfen.

Einige Wochen später - der Frühling war inzwischen eingekehrt und ein sehr viel sanfterer Wind blies über die Berge - stand er wirklich bei mir vor der Tür. „Ach du liebe Zeit!" wunderte ich mich im stillen. „Der hat ja viel vor! Was mag wohl in dem großen Koffer, den er da in seiner Hand trägt, alles drin sein?" Arbeitskleidung war es! Gärtnerhosen, Handwerkszeug und Gummistiefel, die man hier im Frühling bei unserem nassen, schweren Lehmboden nur allzu gut gebrauchen kann.

Und geblieben ist er bis heute!

Nun wissen Sie, liebe Leserinnen und Leser, warum die Fortsetzung von *Mein Mulchgarten* den Titel: *Unser Mulchgarten* trägt!

Wir bauen Hochbeete

Prompt und pünktlich hatten sich auch in diesem Frühjahr nach den ersten warmen Regengüssen unsere schleimigen Lieblinge, Schnecken aller Art, eingestellt: große, kleine, bunte, gestreifte, braune, sandfarbene, rötliche, gräuliche, schwärzliche, solche mit und solche ohne „Eigenheime" auf dem Rücken. Und wieder, wie schon so oft, tauchte die alte Frage auf: Was fängt man mit ihnen an, wenn man sie unter den ausgelegten alten Brettern oder den umgestülpten irdenen Blumentöpfen eingesammelt hatte? Tottreten? Oder gar mit der Schere mittendurch schneiden, wie das manche Leute praktizieren? Auch sie sind schließlich Lebewesen und im göttlichen Schöpfungsplan vorgesehen, wenn auch sicher nicht in den gewaltigen Mengen, die in den letzten Jahren immer häufiger zu beobachten sind. Dies allerdings ist nicht ihre Schuld, sondern muß allein der Unvernunft des Menschen zugeschrieben werden, der das irdische Gleichgewicht heillos durcheinandergebracht hat. Nun kann es sich nicht mehr selbst regulieren, wie es das seit dem Bestehen der Erde immer wieder getan hat. Auch für diese sogenannten Schädlinge gilt doch sicher das göttliche Gebot: „Du sollst nicht töten", ganz gleich, auf welche Art und gewiß nicht ohne zwingende Not. Und war dies nun wirklich so ein Notfall, der ein Todesurteil rechtfertigte? Immerhin erkannte Professor Seifert, der Pionier des biologischen Gartenbaus, ja den zehnten Teil unseres Anbaus den tierischen „Mitessern" zu!

Wieder tauchte die Frage in mir auf, ob man es wirklich nicht fertigbringen könnte, sie von unserem sauer erarbeiteten Eigentum und unserer verdienten und benötigten Nahrung fernzuhalten. Alles, was wir in dieser Hinsicht bewerkstelligt hatten, war noch nicht so erfolgreich, wie wir uns das wünschten. Zaudernd stand ich vor der Blechdose mit dem eingesammelten, sich krümmenden, windenden und verzweifelt nach Freiheit und Entkommen suchenden Inhalt. Da kam Horst und hatte - wie so oft - eine zündende Idee. „Warum bauen wir nicht einmal Hochbeete?" fragte er. Zwar behob dies nicht meine augenblicklichen Zweifel betreff des Schicksals meiner Beute, die ich immer noch in der Hand hielt, doch würde auf diese Weise vielleicht auf längere Sicht das leidige Schneckenproblem gelöst werden können.

Horst hielt eine Gartenzeitschrift in der Hand, deren Abbildungen und Anleitungen wir sogleich eifrig studierten. So ganz überzeugt war ich noch nicht, hatte ich doch in der Vergangenheit mit den ähnlichen Hügelbeeten nicht ganz so befriedigende Resultate erzielt. Die Wühlmäuse hatten Eingang in die Beete gefunden, und ich mußte alles wieder auseinanderreißen, was ich so mühsam errichtet hatte. Auch das Bepflanzen hatte mir in dem lockeren Sandboden in Hannover Schwierigkeiten bereitet, da er so leicht nachgab und immer wieder alles abschwemmte, so daß die Beete bald jegliche Form verloren. Doch hier handelte es sich nun offensichtlich um etwas ganz anderes, und meine anfängliche Skepsis schwand immer mehr, als ich von den geschilderten Vorzügen las. Bald schon war ich genauso begeistert wie Horst.

„Das anfallende Gartenmaterial wie Strauchwerk, Strünke, kleine Ästchen und Zweige, Blütenstände und Stengel etc. findet hier eine nutzbringende Anwendung", stand da, „während es beim Verbrennen nur schadet." Das war natürlich Wasser auf meine Mühlen, kämpfte ich doch bereits seit Jahren gegen diese Unsitte des wöchentlichen offiziell genehmigten Brenntages an. Auch das leidige Wühlmausproblem und die Schneckenplage sei ein für allemal vorbei, lasen wir weiter. Die Hasen, die auch beträchtlichen Flurschaden anrichten können, finden keinen Zugang zu den Beeten, und die vielgeplagten Gärtner/innenrücken erfahren Entlastung und können aufatmen, da die meiste Arbeit bequem im Stehen oder sogar im Sitzen geleistet werden kann. Bei drohenden Nachtfrösten können die junge Saat oder die Pflänzchen leicht mit Schilfmatten abgedeckt werden, die Verdichtung des Bodens durch die schweren Gartenstiefel entfällt, und - als letztes und bestes wie mir schien - der Ertrag der Beete kann durch die Intensivierung der Bewirtschaftung auch noch wesentlich gesteigert werden. Auch für kleine Gärten also eine ideale Idee! Der einzige erkennbare Nachteil: Hochbeete müssen bei Trockenheit mehr gewässert werden als die üblichen Gartenbeete.

Da einiges bei näherer Überlegung unserer Meinung nach doch der Korrektur bedurfte, entwickelten wir unseren eigenen Hochbeet-Bauplan in bezug auf Höhe und Breite sowie in bezug auf das zu verwendende Material zum Bau und zum Füllen der Beete. Horst, der gerne alles perfekt macht, hätte lieber mit neuen Rundhölzern gearbeitet, die auf der Abbildung in der Zeitschrift so hübsch anzuschauen waren. Da jedoch auch er gleich beginnen wollte, konnte ich ihn für meinen Vorschlag gewinnen, dieses Mal alte Bretter zu nehmen, die bei mir immer zu mancherlei Zwecken im Garten liegen und somit nicht erst beschafft werden mußten. Ich verwende gerne altes Material, das oft sogar kostenlos zur Verfügung steht; schließlich kann man alte Bretter bei jedem Hausabbruch umsonst bekommen. Natürlich sind sie nicht so haltbar wie neues Material und nicht so dekorativ, doch für unseren ersten Versuch sollten sie ausreichen.

Die Länge des Beetes ergab sich einfach aus der Länge der Bretter und dem Platz im Garten; sie kann ganz beliebig gewählt werden. Bei uns waren es 2,50 m, im *Paradies* von Heinz Erven in Remagen (siehe S. 31) sah ich eines von 20 m Länge. Das von uns gewählte Maß schien mir für uns günstig, da die Baumaterialien - ob Bretter oder Hölzer, auch Hohlblocksteine sind geeignet - für nicht so kräftige „Bauleute" gut zu bewältigen sind. Die Breitenangaben waren in den diversen Anleitungen, die wir studierten, sehr unterschiedlich, doch schienen uns die angegebenen Maße durchweg viel zu breit. Natürlich richtet sich die Breite auch nach dem vorhandenen Platz, denn ein breites Beet benötigt weniger Platz als zwei schmale. Wie allerdings soll man ein Beet von 2 m Breite noch bequem bearbeiten können? Da müßte man schon superlange Arme haben.

Wir einigten uns auf 1,20 m Breite, was sich in der Praxis als äußerst vorteilhaft erwies. Selbst die mittleren Reihen kann man mühelos im Stehen und - was ein ganz besonderer Genuß ist - sogar auf dem Rand sitzend bearbeiten. Gleich nachdem der Beschluß zum Bau gefaßt war, sammelten wir Füllmaterial aller Art. Das war nicht schwierig, fielen doch jetzt im Frühjahr riesige Mengen an Baumschnitt, Strauchwerk und holzigen Blumenstengeln an, die wir den Winter über stehengelassen hatten, um den verbliebenen Singvögeln Nahrung zu bieten. Zu meiner großen Freude war erst kürzlich hier im Auetal ein Verbot der wöchentlichen Brenntage ergangen - ein kleiner Schritt vorwärts in Richtung sauberer Luft. So hatte ich ein weiteres, gutes Argument für den Hochbeetbau, bei dem man so leicht und nutzbringend diese immer wieder anfallenden Gartenmaterialien verwenden kann. Aber bevor wir diese einbringen konnten, mußte das Beet ja erst einmal stehen bzw. mußte der Boden vorbereitet werden.

Der Mutterboden wurde abgehoben und die ganze Fläche, und zwar eine etwas größere als für das Beet vorgesehen, mit feinem Kückendraht ausgelegt, damit Wühlmäuse und andere ungebetenen

Gäste keinen Zutritt haben konnten. Überstehender Draht wurde an allen Seiten entsprechend hochgebogen. Nun wurden die acht Pfostenpaare - Vierkanthölzer - mit einem solchen Abstand zueinander in die Erde getrieben, daß die Bretter dazwischen ihren Halt finden konnten. Die untersten Bretter wurden eingeschoben, und das Einfüllen konnte beginnen.

Als unterstes kam eine etwa 30 cm dicke Schicht grobes Gehölz, das wir zerkleinert hatten und nun tüchtig niedertrampelten, damit die fertigen Beete nicht so schnell einsacken würden. Auf die Gehölzunterlage packten wir eine ca. 30 cm dicke Schicht aus mit Lehm vermischter Erde, die wir uns von einer nahen Baustelle mit der Schubkarre holten und sodann mit dem Schlauch einschwemmten. Dadurch, so hofften wir, könnte das Wasser in der darüberliegenden Humusschicht besser gehalten werden, so daß wir den Sommer über nicht allzuoft mit Gießkanne und Wasserschlauch würden arbeiten müssen.

Nun kam das eigentliche „Herz" des Beetes, für das wir schon eifrig gesammelt hatten:
- *Küchenabfälle*
- *Heckenschnitt*
- *Grassoden*
- *Baumrinde*
- *altes Laub*
- *kleine Ästchen*
- *Grabenaushub*
- *Wildkräuter und*
- *Tannennadeln.*

Alles wurde fein säuberlich miteinander vermischt. Das zweite und dritte Brett wurde eingeschoben, und dann füllten wir bis oben hin beste, mit reichlich Lavagranulat vermischte Gartenerde (siehe S. 18). Fertig war unser Werk zur Bepflanzung!

Da die Nächte noch sehr kalt waren, besorgten wir uns auch noch gleich einige Schilfmatten zum Abdecken, die man bei warmem Wetter aufrollen kann und die bei Bedarf mit einem liebevollen Schubs - dem leichten Gefälle des Geländes folgend - auf den Weg gebracht werden, damit sie unser kostbares Saatgut und die jungen Pflänzchen schützen.

Das Erstellen des ersten Beetes hatte uns so viel Freude gemacht, und die Vorteile waren uns immer klarer geworden, daß schon während des Baues der Plan in uns reifte, noch mindestens ein zweites zu errichten - zumal Platz genug vorhanden war. Zugegeben, so besonders hübsch sah es ja nicht aus mit den alten Brettern und Pfosten, dafür hatte es uns aber - außer den Schilfmatten - keinen Pfennig gekostet.

Es war der 11. März, als ich das Beet mit Zwiebel- und Möhrensamen, der klassischen Mischung, bestellte, und wir waren auf unser gemeinsames Werk mächtig stolz. Da Horst die Hauptarbeit geleistet hatte, sollte das zweite Beet auch vorwiegend mit roten Rüben bestückt werden, einem seiner Lieblingsgemüse. Diesmal wollten wir aber doch mit Rundlingen arbeiten, denn diese schienen uns gegenüber den Brettern neben ihrem schöneren Aussehen auch einige Vorteile zu bieten. Sie sind eben „werbewirksamer" im Hinblick auf all jene, die ab und zu ihre Nase in unseren Schaugarten stecken, um ihn zu besuchen oder in Gartenzeitschriften darüber zu schreiben. Schließlich sollten unsere Hochbeete ja auch ein Anreiz sein, es uns gleichzutun, anstatt den „Brenntagen" nachzutrauern. Statt Müllsäcke mit diesen kostbaren Materialien zu füllen, sollten sie im eigenen Garten wieder in den Kreislauf der Natur eingefügt werden. Mit Kummer im Herzen sehe ich an den Müllabfahrtstagen auch bei Gartenbesitzerinnen und -besitzern immer wieder viele solcher Säcke an der Straße stehen.

Wir bestellten also bei einem Waldbesitzer in unserer Nähe Fichtenstämme, die ca. 10 - 12 cm dick waren und gleich auf die passende Länge zugeschnitten wurden. Gleich nach der Lieferung machte Horst sich ans Werk und setzte als erstes an die vier Ecken des Beetes die äußeren Stützpfähle für die Längsseiten. Und dann begann er mächtig zu schwitzen! Die ganz frisch geschlagenen Fichtenstämme waren nämlich ziemlich schwer und nicht so schön gerade gewachsen, wie er es sich für seinen Zweck gewünscht hätte, damit sie aufeinander paßten. Er mußte stets mehrere ausprobieren, bis endlich einer - nur an die äußeren Stützpfähle gelehnt - einigermaßen stabil auf dem Pfahl darunter liegen blieb und ihm nicht sofort wieder auf die Füße fiel. Trotz dieser wirklich sehr mühsamen Plackerei reichte die Begeisterung aber dann doch noch für die Erstellung eines dritten und letzten Beetes. Dieses wurde in Anbetracht der vorangegangenen Schwerstarbeit ganz nach Horsts Wünschen angefertigt und war dann wirklich die eleganteste Lösung.

Die Längspfähle wurden zwischen je vier Stützpfähle aufeinandergelegt. Für die Querpfähle stellten die Innenstützen der langen Pfähle dann schon die Außenpfähle dar. Sie erhielten dann nur noch

einen Stützpfahl in der Mitte, da sie ja auch schon durch die Erdfüllung des Beetes nach außen gedrückt wurden.

Das dritte Beet wurde nach Fertigstellung mit Pastinaken, meinem Lieblingsgemüse, und mit Sellerie eingesät, und beide Sorten übertrafen alle meine Erwartungen. Sellerie setzen wir sonst gewöhnlich zwischen Tomaten, da diese beiden Gemüsearten sich anscheinend so gut „riechen" können, daß weder bei der einen noch bei der anderen jemals ein Mißerfolg zu verzeichnen war. Im Hochbeet gedieh der Sellerie aber jetzt auch ohne die gewohnte Nachbarschaft prächtig.

Nun, nach einem Jahr Hochbeetanbau, ist es an der Zeit, ein Fazit zu ziehen und aus den Erfahrungen dieses Jahres heraus Ratschläge zu geben, was zur Nachahmung empfohlen und was noch verbessert werden kann: Alle ausgesäten und gepflanzten Gemüsesorten gediehen gut und brachten zum Teil enorme Ergebnisse - am allerbesten die Pastinaken und der Sellerie. Trotz des großen Erfolges jedoch würde ich Pastinaken und ähnliche Tiefwurzler, z.B. den langen weißen Sommerrettich, nicht wieder in ein Hochbeet pflanzen. Bei der Länge der Früchte fanden manche unten im Beet nicht mehr genügend Platz, um sich weiterzuentwickeln, so daß sie sich verzweigten oder verkümmerten. Dort, wo sie auf die Lage mit dem Gestrüpp trafen, konnten sie nicht mehr weiterwachsen.

Nie werde ich das erstaunte Gesicht eines Reporters vergessen, als ich einige der Riesenexemplare von Pastinaken aus der Erde des Hochbeetes zog. Solche, meinte er, habe er noch nie gesehen. Ich wünschte mir damals nur, auch jener Besucher, der im Frühjahr den Schaugarten besichtigt hatte, wäre dabeigewesen und hätte das miterlebt. Während des Rundganges hatte ich erklärt, worum mir es in erster Linie mit meiner Mulch-total-Methode ging. Das sei nicht der augenblickliche Erfolg, der sich in besonders üppigen Früchten und Gemüsen manifestiere. Vielmehr ginge es darum, unsere ausgewaschene, ausgepowerte, entmineralisierte Erde wieder von Grund auf zu erneuern und zu sanieren, damit sie auch weiterhin imstande ist, uns und unsere Nachkommen zu ernähren. Es war - wie gesagt - Frühling, noch nichts guckte aus der Erde, und alles war noch fein säuberlich mit Stroh gemulcht.

Da fragte mich dieser Besucher treuherzig: „Aber ernten können Sie doch irgendetwas bei Ihrer Methode?"

Es stimmt, daß das Hochbeet mehr Wasser verlangt als der übrige Garten. Mit einem Schlauch, den man in die Nähe des Beetes legt, ist diese Arbeit allerdings schnell und gezielt getan. Was man nicht genug empfehlen kann, ist das kräftige Eintreten der untersten Gehölzschicht und das darauffolgende Einschlämmen der Erde bzw. des Lehmes, um ein zu rasches Einsacken des Beetes zu verhindern. Natürlich fällt die Füllung der Beete mit der Zeit zusammen und bildet dann eine ausgezeichnete Humusschicht. Von oben her Erde nachzufüllen, ist meiner Ansicht nach nicht sehr sinnvoll. Auf diese Weise kommt die Humusschicht allmählich ganz nach unten zu liegen und kann so von den Pflanzen nicht mehr erreicht werden. Besser ist es da, die Höhe des Beetes allmählich zu verringern, indem man einzelne Bretter nach Bedarf herausnimmt. Bei der Lösung Nr. 3 geht das besonders elegant, da die Rundlinge sich ganz einfach entfernen lassen. Ist man dann nach einigen Jahren an der untersten Humusschicht angekommen, entfernt man die gesamte Umfriedung, um sie an anderer Stelle des Gartens wieder neu aufzusetzen. So läßt sich ganz leicht peu à peu der gesamte Gartenboden mit bester, ertragreicher Erde bestücken.

Alle geschilderten Vorteile eines Hochbeetes haben sich also bewahrheitet - bis auf einen. Und den möchte ich Ihnen auf gar keinen Fall verschweigen, ist er doch eigentlich für uns der ganz konkrete Anreiz zum Bau gewesen: die Schneckenplage...!

Dieses Problem ist durch den Bau eines Hochbeetes allein, wie wir insgeheim gehofft hatten, nicht zu lösen. Wir wollten es zuerst gar nicht recht glauben, als wir an unseren jungen Salatpflänzchen wieder diese nur allzu bekannten Mitesserspuren entdeckten. Sei es, daß wir eine besonders clevere Art von Schnecken in unserem Garten haben oder daß diese inzwischen einen Spezialkurs für Hochbeet-Kletterei absolviert hatten - als ich eines Tages im Morgengrauen wieder auf die „Pirsch" ging, hatte ich (leider) Erfolg: Die großen braunen Nacktschnecken machten sich ein offensichtliches Vergnügen daraus, die Bretter oder die Rundlinge der Beete zu erklettern und sich an dem wohlschmeckenden Inhalt der Beete gütlich zu tun. Zwar sind sie auf dem Weg zu ihrer Futterkrippe sehr leicht auszumachen und einzufangen, doch da sind wir wieder am Anfang unseres Kapitels angelangt - was dann? Außerdem sind offenbar mit der Erde oder dem Mulchmaterial kleine Gehäuseschnecken oder deren Gelege mit in das Hochbeet hinaufgelangt. Jedenfalls mußten wir immer wieder betrübt feststellen, daß junger Salat, Fenchel, Radieschen und anderes angeknabbert oder gänzlich von der Bildfläche verschwunden waren.

Meine Euphorie über die neuen Hochbeete schwand allmählich etwas dahin. Zwar konnten wir einige der Übeltäter in umgestülpten Blumentöpfen fangen, doch das ging uns zu langsam. Da erinnerte ich mich der alten, vielgepriesenen Methode mit den Bierfallen, denn schließlich wollten wir doch nicht gänzlich um den Lohn unserer vielen Mühe gebracht werden. Diese Methode brachte schließlich den gewünschten Erfolg! Zwar wunderte sich unser Kaufmann unten im Dorf sehr über unseren plötzlichen Bierbedarf, hatten wir doch als dorfbekannte „Gesundheitsapostel" die entsprechenden Regale des beliebten Gebräus stets ignoriert. Als ich zögernd davorstand und nicht recht wußte, was ich von dem großen Angebot nehmen sollte, wollte er mir helfen und fragte: „Soll es denn Pils sein?"

„Ich weiß nicht", antwortete ich, „das habe ich meine Schnecken noch nicht gefragt!"

Neuerdings habe ich gesehen, daß in den Katalogen von Samenhandlungen Salatsorten angeboten werden, die schneckenresistent sein sollen, z.B. Lollo Rosso. Ich habe es selbst noch nicht ausprobiert, will es aber unbedingt bei der nächsten Aussaat versuchen. Ganz besonders heimgesucht werden meiner Erfahrung nach alle Sorten von Chinakohl und auch der Pak Choy. Es gelingt mir kaum, sie jemals unbeschadet auf den Tisch zu bringen.

Um nochmals auf das Gespräch beim Kaufmann zurückzukommen: So abwegig war das wohl gar nicht! Meiner Erfahrung nach scheinen Schnecken, Wühlmäuse, Kohlweißlinge und andere ungebetenen Gäste unseres Gartens ebensolche Individualisten in puncto Geschmack zu sein wie wir Menschen auch. Was die einen garantiert vertreibt, lockt die anderen geradezu an. Oft muß man mehrere Abwehrmaßnahmen ergreifen, bis man das Richtige getroffen hat. Einmal habe ich eine dicke Schnecke mitten in einer Knoblauchknolle entdeckt, deren Geruch doch immer wieder als schneckenabwehrend empfohlen wird.

Eine Freundin, der ich davon erzählte, meinte dazu trocken: „Die Arme hat wohl Arteriosklerose"!

Wir behalfen uns, indem wir die Wege zwischen den Beeten und rundherum sehr sauber hielten und dick mit Lava-Granulat bestreuten, welches die Schnecken nicht gerne passieren. Da das, was dort in der Höhe heranwuchs, jedoch allzu verlockend war, nahmen einige auch diese Strapaze in Kauf, um zu ihrem Ziel zu gelangen. Auf diese Weise blieb mir eben wieder nur der morgendliche „Einsammelgang" während des ganzen Frühjahrs, bis es den Schnecken dann in den ungewöhnlich heißen und trockenen Monaten des Jahres 1991 zu trocken wurde und sie sich ins Unbekannte verdrückten.

Natürlich nicht, ohne sich innerhalb von zwei Nächten meine gesamten Kürbispflänzchen einzuverleiben. Es blieb nicht eine!

Lava - ein wertvolles Gestein

Vieles hat sich verändert in meinem - pardon - unserem Mulchgarten. Man spürt überall die kraftvolle männliche Hand. Es geschehen plötzlich Dinge, die ich zwar lange in meinem Kopf herumgewälzt habe, deren Ausführung ich jedoch wegen der fehlenden Kräfte niemals allein hätte bewerkstelligen können.

Eines schönen Morgens stand Horst mit unserem guten, stets hilfsbereiten Ortsvorsteher Rösemeyer, dessen Auto sowie einem geliehenen Anhänger vor der Tür und meinte: „Heute holen wir Lavagranulat aus Minden. Einen ganzen Anhänger voll!" Meine Freude war groß, da dies schon lange mein Wunsch war. Wir hatten schon einige Versuche mit diesen braunen Gesteinskörnchen hinter uns, die so positiv ausgefallen waren, daß wir gerne mehr damit gearbeitet hätten. Unser Freund Ludwig hatte uns viel Gutes davon berichtet und uns auch einige Wannen voll aus seinem Bestand überlassen. Nur das „Wie" der Besorgung war immer die Schwierigkeit gewesen. Nun aber lag abends wirklich ein großer Berg des begehrten „Lavagoldes" vor unserer Haustür. Jetzt konnten wir so richtig aus dem vollen schöpfen!

Was hat es damit auf sich? Was ist Lava und wofür kann man dieses Material verwenden? Es handelt sich um kleine Lavasteinchen aus den Urtiefen der Erde (unsere hier kommen aus der Eifel), die es in verschiedenen Körnungen bis zu einem Durchmesser von 11 mm gibt; wir verwenden gern mittlere Körnungen. Für unseren schweren Lehmboden ist Lava ideal zum Auflockern. Bislang verwendeten wir zu diesem Zweck immer Sand, der allerdings auch nicht gerade billig zu haben ist und darüber hinaus auch keinen weiteren Nutzen mit sich bringt.

Ganz anders beim Lavagranulat. Da es porös ist, hat es die Fähigkeit, nicht nur das Wasser, sondern insbesondere auch die Sonnen- und Luftwärme zu speichern, und zwar besser als andere Abdeckungen, z.B. Stroh. Da es im Frühjahr unter Stroh lange kalt bleibt, räume ich es beizeiten weg und ersetze es dort, wo früh geerntet werden soll, durch eine Granulatschicht. Man kann ganz exakt messen, wieviel wärmer der Boden unter einer solchen Lavabedeckung ist.

Gerade bei kalten, nassen und schweren Böden wie vielerorts hier im Weserbergland, wo außerdem Nachtfröste und Kälte im Frühjahr oft sehr lange andauern, läßt sich diese Fähigkeit der Wärmespeicherung ideal nutzen, um frühere Aussaaten zu ermöglichen. Und auch die jungen Pflänzchen sind sehr dankbar für den wärmenden Lavamantel. Bei unseren kurzen Sommern, die manchen Früchten das Reifen fast unmöglich machen, stellt dies eine große Hilfe dar. Freilich darf man nicht zu sparsam mit der Beschichtung umgehen; eine 2 - 3 cm hohe Schicht ist schon angebracht. Des Guten zuviel kann man in diesem Fall nicht tun, da das Material ja licht- und luftdurchlässig ist und die Pflanzen darunter daher weder ersticken noch faulen können. Lavagranulat ist also das ganz ideale Mulchmaterial!

Im Laufe der Zeit zersetzen sich die Lavasteinchen und reichern den Boden mit den vielen Mineralstoffen an, die sie aus den Tiefen der Erde mit sich gebracht haben und die der Boden so dringend benötigt. Auch unsere neu gebauten Hochbeete haben wir dicht mit Lavagranulat eingedeckt und konnten so - zusammen mit den schützenden Strohmatten - die Abdeckung sehr früher Aussaaten und Pflanzungen vornehmen. Ja sogar Kopfsalat (es gibt besonders kältebeständige Sorten) hat auf diese Weise im Hochbeet überwintert. Und als sich herausstellte, daß auch die Schnecken durchaus in der Lage sind, die Wände der Hochbeete zu erklettern, wenn dort drinnen Leckeres lockt, bestreuten wir die einzelnen Beete rundherum dick mit Lavagranulat, das sie nach Möglichkeit meiden. Wahrscheinlich verlieren sie bei diesem Kriechgang zuviel Schleim. Auch beim Säen bekommen die vielen kleinen Pflanzgefäße eine Lavaschicht obenauf, was niemals zu Mißerfolgen führte.

Gerne und viel eingesetzt haben wir auch das andere, bestens bekannte Lavaprodukt, das Gesteinsmehl. Dieses feinstgemahlene Lavagestein ist uns ein fast noch unentbehrlicherer Helfer im Garten, der dem Boden wiedergibt, was wir ihm durch die intensive Bewirtschaftung, aber auch durch Erosion und Auswaschung seit langem entzogen haben. Gesteinsmehl enthält Magnesium, Kieselsäure, Aluminium, Kalzium, Chlor, Kupfer, Phosphor und anderes mehr. Mit Hilfe eines praktischen Zerstäubers ist es möglich, das Mehl problemlos auf die Pflanzen aufzubringen, ganz gleich, ob es sich um Gemüse, Beerenobst, Kartoffeln oder Obstbäume handelt oder um den Blumengarten oder Weinbau. Durch Wind und Regen gelangt das Gesteinsmehl auf den Boden, wo es wachstumsfördernd wirkt.

Gesteinsmehl kann erfolgreich eingesetzt werden bei Mehltau, Grauschimmel, Insektenbefall, Rost, Blattfleckenkrankheit sowie bei Pilzerkrankungen. Bei Neuanpflanzungen geben wir stets einige

Schaufeln voll in das Loch, und wenn im Herbst Bäume und Sträucher für den Winter versorgt werden, kommen neben frischem Kompost auch noch eine oder zwei Schaufeln Gesteinsmehl unter den üblichen Mulch. Richtig ist es auch, mit der Auswahl der Gesteinsmehle zu wechseln, da der Mineraliengehalt unterschiedlich ist und somit eine Zufuhr möglichst vieler Stoffe gewährleistet wird.

In Heinz Ervens *Paradies* in Remagen (siehe S. 31) werden seit langem sehr positive Versuche mit Lava-Granulat und Gesteinsmehl durchgeführt. In seinem Buch *Mein Paradies* schreibt er: „Da die Lavasteine porös sind, haben sie nicht nur die Fähigkeit, Wasser zu speichern - nach unseren Versuchen 24 - 28 % -, sondern auch die am Tage aufgenommene Sonnen- und Luftwärme wird über einen längeren Zeitraum gespeichert. Wir haben durch exakte Messungen mit Bodenthermometern feststellen können, daß bei Vergleichsparzellen von 3 - 5 cm Lavagrus am Morgen um 7 Uhr die Temperatur immer 5° C höher war als im unbedeckten Boden, aber auch 3 - 5° C höher als unter anderer Abdeckung (Stroh und Sägespäne). Der Versuch wurde über mehrere Wochen im September und Oktober 1979 durchgeführt bei Erdbeeren". Auch mit Lavamehl wird im *Paradies* ständig und mit gutem Ergebnis gearbeitet, und zwar hauptsächlich in der Schädlingsbekämpfung und zur Bodenverbesserung.

Über Gesteinsmehl schreibt mein Freund Joachim Fuhrmann:

In ca. 5 km Entfernung treibt in einer fürchterlichen Landschaftswunde ein Steinbruch sein Unwesen. Als ich mit einem der dort arbeitenden Leute zum Staubabscheider ging und ihn fragte: „Was machen Sie damit?", lautete die Antwort: „Der Dreck wird weggeschafft, da hinten ins Loch!" Damit war die Grube gemeint. Ich erklärte ihm, daß ich diesen Staub in meinem Garten gut gebrauchen könnte und nahm gleich einen Anhänger feinsten, herrlichen „Dreckstaubes" mit, den er mir mit ganz hochgestellter Baggerschaufel aus dem bulligen Staubabscheider herausbeförderte. Dieser wertvolle „Grubendreck" war so fein, daß er in der Baggerschaufel wie eine Flüssigkeit hin- und herwaberte. Beim Biodynamischen Forschungsring in Darmstadt holte ich dann die Analyse ein und erfuhr: sehr wertvoll! Im Vergleich zu dem im Handel erhältlichen Basaltgesteinsmehl war er zwar etwas kalkarm, so daß mit ein wenig Algomin nachgeholfen werden mußte. In Anbetracht des doch sehr teuren Basaltgesteinsmehls jedoch war ich mit dem Ergebnis glücklich.

Eigentlich ist es nicht zu fassen, daß die in Landwirtschaft und Gartenbau tätigen Menschen der umliegenden Garten-Landbaubetriebe nicht geradezu gierig mit ihren Fuhrwerken zum Steinbruch fahren, um sich diesen „Grubendreck" gratis zur Gesundung von Boden, Pflanze, Tier und Mensch nutzbar zu machen. Oft werde ich gefragt, wozu dieses tote Steinzeugs denn gut sei. Die Vorteile erkläre ich gerne und stelle aber auch die Frage: „Euer bodenkleinlebewesenvernichtender Retorten-Chemie-Sackinhalt - ist er nicht tot und macht er nicht zugleich tot?" Hat denn nicht mit Einsetzen der Chemisierung der Landwirtschaft das Einsetzen der „Agrarproduktion" begonnen mit all seinen vernichtenden Auswirkungen auf Landschaft und Wald sowie Menschen- und Tiergemeinschaften? Der Landmann am Pflug wurde und wird aufgrund dieses Chemisierungs- und Mechanisierungswahns ersetzt durch schwerste, bodenverdichtende Maschinen sowie durch den in seinem klimatisierten Führerhaus sitzenden und PC-bedienenden Agraringenieur, der den nahen Bezug zu Leben, Pflanze und kosmischen Einbezug in das Werden, Reifen und Gedeihen unserer Gewächse oft endgültig verloren hat. Diese Entwicklung ist zugleich lebens-, tier- und menschenverachtend.

Was wir Menschen seit Beginn der Industrialisierung unseren Böden (ebenso wie dem Wasser und der Luft) angetan haben, ist nur noch mit dem Wort Verbrechen zu bezeichnen. Es wird allerhöchste Zeit, wieder zurückzugreifen auf die natürlichen Quellen, die die Erde ja in reichlichem Maße bereithält.

Mit chemischen Mitteln ist die Welt nicht zu retten.

Das Phänomen Findhorn

Findhorn, das ist der legendäre Ort im Norden Schottlands direkt an der Küste, wo die Kohlköpfe mindestens 20 Pfund schwer werden, obwohl sie auf kärglichstem Sandboden wachsen, wo die Radieschen noch nach Radieschen und die Tomaten noch nach Tomaten schmecken und das alles mit Hilfe von Devas und anderen Naturgeistern. Es ist der Ort, wo Peter Caddy und seine Frau Eileen vor 40 Jahren begannen, zunächst für sich selbst und ihre Kinder Nahrung anzubauen, um zu überleben, und der sich dann unversehens und ohne jede Absicht zu dem entwickelte, was man heute das *Mysterium Findhorn* nennt.

Es ist allerdings ein nachvollziehbares Mysterium, wenn man begriffen hat, daß der Garten nicht nur ein Platz für den Anbau von Bohnen und Kartoffeln ist, in dem womöglich noch mit Hilfe von chemischen Giftstoffen das Letzte aus dem Boden herausgeholt wird, sondern daß der Garten vielmehr die Ausgangsbasis dafür ist, daß das Leben auf diesem Planeten überhaupt weitergehen kann - vorausgesetzt, wir sind imstande, die in ihm schlummernden Kräfte wieder zu wecken. Diese Kräfte gehen weit über das hinaus, was wir Gartenbau nennen; sie umfassen vielmehr die Gesamtheit des Lebens. Wir Menschen müssen wieder lernen, daß wir alleine - wie wir zuweilen in unserer Überheblichkeit meinen - nichts vermögen, sondern nur durch göttliche Hilfe, die in allem wirksam ist. Es ist ein großer Irrtum zu glauben, daß die Probleme der Vergiftung und Zerstörung, die der Mensch mit seiner Technik verursacht hat und die dazu führten, daß die Erde jetzt um ihr Fortbestehen ringen muß, nur durch Technik und immer mehr Technik gelöst werden können. Statt dessen sollten wir uns auf die geistigen Kräfte besinnen, die in allem wirken, was Leben atmet.

Peter Caddy sagte einmal: „Du kannst Findhorn nicht beschreiben - die Menschen müssen es selbst erleben, um es zu verstehen." Wenn ich nun trotzdem versuche, das Phänomen Findhorn in Worte zu fassen, so mit dem Wunsch, meinen Leserinnen und Lesern wenigstens einen kleinen Einblick dessen zu übermitteln, was sich dort an der Findhorn Bay aus kleinsten Anfängen entwickelt hat, aus einem Mythos, der sich heute *Universität des Lichtes* nennt.

Große Dankbarkeit empfinde ich gegenüber der Findhorngemeinschaft, aus deren Erfahrungen wir für unseren Neuanfang auf La

Palma unendlich viel lernen konnten. Gerade jetzt befinden wir uns in einer ähnlichen Situation, da wir versuchen, auf kärglichem, steinigem Boden unseren täglichen Bedarf zu züchten. Der Erfolg unserer Bemühungen allerdings wird uns immer wieder auf vielerlei Art zunichte gemacht, z.B. durch Schädlinge, die uns zum großen Teil gänzlich unbekannt waren oder durch Witterungseinflüsse, die wir nie zuvor erlebt hatten. Und immer wieder können wir lesen, aus dem reichen Schatz der Findhornaufzeichnungen lernen und uns dort Rat und Aufmunterung zum Weitermachen holen, damit wir nicht verzagen, sondern immer wieder Vertrauen haben in die Kräfte der Natur und in die göttliche Führung, die auch uns hier an diesen Platz gestellt und uns unsere Aufgabe zugewiesen hat.

Es war im Jahre 1962, an einem verschneiten Novembertag, als die sechs - Peter Caddy, seine Frau Eileen, ihre drei Söhne und Dorothy, eine Mitarbeiterin von Peter - mit ihrem neun Meter langen Wohnwagen auf den Wohnwagenpark an der Findhorn Bay einbogen. Nicht im entferntesten ahnten sie, daß sie die folgenden sieben Jahre auf diesem Platz und in diesem Wohnwagen verbringen würden und daß an dieser unwirtlichen Stelle einmal eines der unwahrscheinlichsten Kapitel des biologischen Gartenbaus geschrieben würde. Sie dachten vielmehr, es handele sich nur um einen vorübergehenden Aufenthalt.

Peter war höherer Offizier bei der Königlichen Luftwaffe gewesen und zuletzt Chef eines angesehenen Hotels. Ganz plötzlich und überraschend wurde er arbeitslos, und so landeten die sechs mehr oder weniger „durch Zufall" auf diesem trostlosen Platz. Sie glaubten, es handele sich nur um die Zeit, bis er wieder in seinen Beruf zurückkehren könne. Zwar hatte er sich schon immer für Gartenbau interessiert, doch daß er ausgerechnet an diesem Ort damit beginnen würde, wäre ihm nie in den Sinn gekommen. Dieser Gedanke wäre ihm ähnlich absurd vorgekommen wie der Bau einer Arche, wenn kein Wasser vorhanden ist.

Trotzdem beschäftigte er sich nun mit einschlägigen Büchern, um die Zeit zu überbrücken. Dazwischen führte er immer wieder Vorstellungsgespräche und bewarb sich weiter, um möglichst bald wieder in seinem Beruf arbeiten zu können. Man kann sich vielleicht vorstellen, was es bedeutet, von heute auf morgen den Luxus eines Vier-Sterne-Hotels gegen einen Wohnwagen zwischen Ginsterbüschen, baufälligen Garagen und einer Müllkippe einzutauschen. Auf geheimnisvolle Weise wurde Peter Caddy immer und immer wieder daran gehindert, eine neue Stelle zu erhalten, so aussichtsreich es auch am Anfang schien. Zuletzt glaubten die sechs, es müsse eine besondere Absicht dahinterstehen.

Die Caddys hatten sich in ihrem Leben einer mühevollen, geistigen Schulung unterzogen, die sie befähigte, ihre ungewöhnliche Lage zu akzeptieren und alles Gott zu übergeben. Durch Meditation erhielten sie Weisungen, daß ihr Tun in Findhorn bedeutungsvoll für die Welt werden würde, und da sie gelernt hatten, diesen inneren Weisungen zu folgen, nahmen sie alles gelassen hin. Selbst wenn es im Augenblick ganz und gar unmöglich schien, daß gerade hier irgendetwas von Wert entstehen könne.

Sie befanden sich auf einer schmalen, sandigen Halbinsel, die am Moray Firth in die Nordsee hineinragt, und waren ständig von allen Seiten dem Wind ausgesetzt. Am schlimmsten aber war der Boden - „nichts als Sand und Kies, von Quecken zusammengehalten", so beschreibt Peter ihn. Um aus diesem Stück Land einen ertragreichen Boden zu schaffen, wäre normalerweise eine Menge Geld nötig gewesen, und sie hatten weder Einkommen noch Ersparnisse, nur eine kleine Arbeitslosenunterstützung. Auf ganz und gar unerklärliche Weise wurden ihnen immer gerade die Dinge zuteil, die sie unbedingt benötigten und die sie sich selbst bestimmt nicht hätten kaufen können.

Da Peter noch immer keinen Arbeitsplatz hatte, begann er im Frühjahr 1963, einen kleinen Garten anzulegen. Das winterliche Studium des Gartenbaus hatte er zwar nicht sehr ermutigend gefunden, da sich die meisten Bücher seiner Meinung nach widersprachen und zudem größtenteils für Gärten in Südengland geschrieben waren, wo Wachstumszeit und Klima wesentlich günstiger sind als in Nordostschottland. Außerdem handelten sie von Gärten mit Erde und nicht von solchen aus Sand, Kies und Steinen. Die kleine Gemeinschaft fing nun an, in harter Arbeit Stück für Stück und Tag für Tag den Boden zu bearbeiten und zu verbessern. Sie holten sich überall Materialien, die ihnen irgendwie nützlich erschienen.

Von den drei Erwachsenen hatte Dorothy seit jeher die stärkste Verbindung zur Natur gehabt. Eines Tages erhielt sie während einer Meditation eine Botschaft, die eine ganz neue Phase in der Geschichte des Findhorngartens einleitete: Sie kam in direkten Kontakt mit den Geistern des Pflanzenreiches, den Devas. Von nun an erhielten die Caddys direkte Antworten auf ihre Fragen, z.B. wie sie die Pflanzen handhaben sollten, welche Sorten Aussicht auf Erfolg hätten, in welchem Abstand und zu welcher Zeit zu pflanzen sei, wie oft man gießen müsse und wie Mißständen abzuhelfen sei!

Beispielsweise hatten sie ihren ersten Salat ausgesät, nach den Weisungen der Gartenbücher die Reihen verzogen und die ausgedünnten Setzlinge wieder eingepflanzt. Diese jedoch welkten dahin, und die Devas rieten ihnen, jede Reihe reichlich zu säen und die schwachen Setzlinge zu entfernen. Sie sagten ihnen auch, daß sie Vielfalt in der Bepflanzung liebten, weil jede Pflanze ihre einzigartige Strahlung hinzufüge und möglichst viele Devas an ihrem Experiment teilhaben wollten. Kontakte mit den einzelnen Gemüse- und Obstdevas könne man nur haben, wenn die betreffende Pflanze auch angebaut wird. Entgegen der Gartenbücher, die raten, jedes Jahr nur drei oder vier neue Sorten in den Garten einzubringen, taten die Caddys dies gleich im Dutzend. 1964 fanden sich dort tatsächlich fünfundsechzig verschiedene Gemüse-, einundzwanzig Obstsorten und zweiundvierzig verschiedene Kräuter!

Immer wieder traten Momente auf, da es ihnen gänzlich aussichtslos schien, bei der Bodendüngung ganz auf organische Methoden zu vertrauen. Die gesamte Umwelt war so offensichtlich in ihrem Gleichgewicht gestört, wie sollte da ein einzelner kleiner Garten auf natürliche Weise funktionieren? Die Devas sagten ihnen, daß der Mensch viele dieser Störungen selbst verursacht habe, z.B. seien die insektenfressenden Vögel durch die Anwendung giftiger Vernichtungsmittel getötet und die Atmosphäre mit chaotischen Gedanken und unnatürlichen radioaktiven Strahlen angefüllt worden. (Zu dieser Zeit wurden gerade in verschiedenen Teilen der Welt nukleare Waffen getestet.) Da sie hier aber dem Boden Leben zuführten und auf lebenszerstörende Stoffe verzichteten, arbeiteten sie an der Wiederherstellung des Gleichgewichtes. Deshalb würde ihnen auch die ganz besondere Hilfe der Devas zuteil.

Es gab natürlich auch „Untermieter" im Garten, z.B. die Kohlwurzelfliege. Ein großer Teil des Kohls welkte dahin, weil die Maden die Wurzeln fraßen. Die Devas rieten den Caddys, an gesunde, blattreiche Pflanzen zu denken, dann würden sie ihnen schon die Kraft zum Überleben des Angriffs zuführen. Sie häuften Erde um die Stengel und ließen Liebe mit hineinfließen. In anderen Gärten des Bezirkes ging der Kohl wegen der Wurzelfliege ein; im Findhorngarten hielt er durch, bis die Maden sich verpuppten. Dann entwickelten die Pflanzen weiter oben, wo die Erde angehäufelt war, neue Wurzeln und wuchsen weiter.

Von diesem Zeitpunkt an ging es mit dem Garten ganz offensichtlich und in erstaunlicher Weise aufwärts. Bald floß er buchstäblich über vor Leben. Größe und Qualität der Produkte übertrafen sich ständig. Die Caddys taten alle Gartenarbeit mit der größten Begeisterung, nun, da der Erfolg für alle sichtbar wurde. Sie legten einen Obstgarten an und jedesmal, bevor sie eine neue Obstsorte pflanzten, nahm Dorothy Kontakt mit den entsprechenden Devas auf. Sie erhielten Rat und folgten genau den Weisungen. Bald hatten sie so viele Früchte, daß sie sie nicht mehr alleine verbrauchen konnten. Alles gedieh so üppig, daß die Leute von nah und fern erschienen, um zu kaufen.

Aber auch immer mehr Menschen kamen, um sich die unwahrscheinliche Fruchtbarkeit dieses Fleckchens Erde anzuschauen. Immer mehr Fachleute wurden angezogen, denen es schwerfiel, zu glauben, daß hier nicht mit großen Mengen Kunstdünger gearbeitet wurde. Die Caddys wagten es aber noch nicht, den Besucherinnen und Besuchern von der Zusammenarbeit mit den Naturgeistern der Pflanzenwelt zu berichten, denn von vielen wurden sie ohnehin schon belächelt.

Bald aber sah Peter Caddy sich außerstande, der Öffentlichkeit das ungewöhnliche Geschehen in ihrem Garten länger zu verheimlichen. Allerdings hatte er Bedenken, daß die Zeit für die ganze Wahrheit einfach noch nicht reif sei. Als er das erste Mal aufgefordert wurde, im Radio über den Garten zu sprechen, führte er den Erfolg mehr auf die biologischen Methoden, den Kompost und die unermüdliche harte Arbeit zurück. Auch wies er darauf hin, daß der Mensch das gesamte Gleichgewicht der Natur zerstört habe, so daß er nun allerorts ernten müsse, was er gesät habe. In einer neuen Art der Gartenarbeit bestünde die Möglichkeit, diesen Mißstand wieder in Ordnung zu bringen.

Im Herbst 1965 bat Peter den Gartenbauberater des Bezirks, eine Bodenprobe seines Gartens zu analysieren. Nach einem kurzen Blick meinte dieser, diese Art von Boden würde er gut kennen, man brauche mindestens 60 Gramm Kaliumsulfat pro Quadratmeter. Peter erklärte, daß er, da er nicht an Kunstdünger glaube, die Asche von Holzfeuern als Kaliumquelle genommen hätte. Daraufhin erklärte ihm der Berater zwei Stunden lang, warum Holzasche den Kaliumbedarf des Bodens in keiner Weise decken könne, nahm die Bodenproben und kehrte nach sechs Wochen ganz verwirrt zurück. Was Peter nun beinahe selbst nicht geglaubt hatte, war eingetreten: Die

Analyse hatte tatsächlich keinerlei Mängel ergeben. Nun hatten die Caddys den wissenschaftlichen Beweis dafür, daß in ihrem Garten etwas Außergewöhnliches geschah!

Inzwischen wurde die Gruppe, die in dem Garten arbeiten wollte, immer größer, und zahlreiche Menschen kamen, um sich das unerklärliche Geschehen anzuschauen. Viele sagten, daß sie noch nie einen so einheitlich hohen Standard in einem Garten gesehen hätten. In Anbetracht des kargen Bodens und des nördlichen Klimas fanden sie einfach keine Erklärung dafür.

Eileen empfing von den Devas die Weisung, daß der Garten vergrößert und in einen Ort der Schönheit verwandelt werden sollte - selbstverständlich neben dem Gemüseanbau und dem Obstgarten. Sie folgten auch hier den Weisungen und brachten Blumen aus aller Welt nach Findhorn. Sie schufen die Bedingungen dafür, so gut es ging, denn: „Dieser Garten soll die ganze Welt vertreten" - so sagten die Devas. Zwar war der Lebensraum, den sie schufen, in dieser geographischen Zone ein künstlicher, doch die Pflanzen gediehen, und die Blumen strahlten in leuchtenden Farben. Selbst die Primel, der Polyanthus und andere, feuchtigkeitsliebende Gewächse gediehen in dem fast puren Sand. Fingerhutpflanzen, die auf reichem Boden normalerweise etwa einen Meter hoch werden, erreichten in Findhorn eine Höhe von zweieinhalb Metern. Selbst Rosen blühten auf einem für sie denkbar ungünstigem Gelände herrlich.

Nun fand die Findhorngemeinschaft es an der Zeit, öffentlich über ihre Arbeit mit den Devas und anderen Geistern zu sprechen und ihre Zurückhaltung aufzugeben. Dadurch kam die Stätte immer mehr ins Gespräch und wurde bedeutsam für die Öffentlichkeit in Großbritannien und in anderen Teilen der Welt. Weiter und weiter wuchs der Garten; sie hatten jetzt mehrere Wohnwagen, und für die Mitarbeiterinnen und Mitarbeiter sowie für die Besucherinnen und Besucher wurden Bungalows aufgestellt. Eine Reihe von Broschüren wurden gedruckt, z.B. *Der Findhorngarten*. Nach den Zuschriften zu urteilen, die daraufhin eingingen, waren immer mehr Menschen bereit, zu verstehen. Einige schrieben, daß ihre eigenen Erfahrungen bestätigt wurden, andere entwickelten Interesse am biologischen Gartenbau oder nahmen Bezug auf die Bedeutung dieser Erkenntnisse für die Gesundung der Welt. Ebenso wuchs die Zahl der Gartenfachleute, die angezogen wurden. Sir Georg Trevelyan, ein Neffe des Geschichtswissenschaftlers G.M. Trevelyan, sah schließlich die Bedeutung ihres Tuns und begann, die Nachricht zu verbreiten.

Niemand mehr konnte die Tatsache leugnen, daß die unwahrscheinlich guten Ergebnisse, die hier bei Gemüse, Früchten und Blumen erzielt wurden, nicht mehr auf Gartenbaumethoden alleine zurückgeführt werden konnten. Also mußten andere Faktoren mit im Spiel sein: Naturgeister, die Devas. Die Landbevölkerung des keltischen Westens ist mit Derartigem noch immer vertraut und sieht das „Kleine Volk" am Werkeln und Wirken. Auch in der Mystik ist die Existenz dieser Welten natürlich vielen wohlbekannt. Nur uns hochmodernen Menschen, die von der Technik bis in den letzten Bereich und Winkel unseres Daseins „entmystifiziert" sind und denen einfach alles machbar erscheint, bedeutet so etwas nichts anderes als Spuk und Gartenzwergromantik.

In dem Buch der Gemeinschaft, *Der Findhorngarten*, das mich immer und immer wieder in seinen Bann zieht, schreibt Sir Georg Trevelyan in seinem Vorwort:

Dieses Buch handelt von der Geschichte des Gartens, doch dies ist demnach nur ein Teil des größeren Unterfangens, eine Gemeinschaft zu entwickeln, die nicht nur Kohlköpfe, sondern auch Seelen wachsen läßt. Aus einem Wohnwagen und der ersten Bohnenreihe wurde ein Ort bzw. eine Universität mit beweglicher Organisationsstruktur. Findhorn beginnt, eine neue Lebensweise auszudrücken.

Wir sind dazu aufgerufen, eine neue Gesellschaft zu bilden, die sich ganz und gar Gott und dem Überleben durch bewußte Zusammenarbeit des Menschen mit den Wesen höherer Welten widmet. Das sind keine leeren Worte. Nichts ist letztlich lebenspraktischer, als die Kraft des Geistes auf die Alltagstätigkeiten einwirken zu lassen. Findhorn ist ein deutlicher Beweis dafür, was man erreichen und wie man das Leben verändern kann. Die dort gegebenen Hinweise werden sicher viele andere Gemeinschaften und Zentren auf der ganzen Welt inspirieren.

Dieses Buch wird vielen Menschen Mut machen in einer Zeit, wo er bitter nötig ist. Es wird das Denken und die Vorstellungen erweitern und uns mit erneuertem Sinn für die lebendige Verwandtheit allen Lebens zu den Schönheiten der Natur führen. Es trifft natürlich zu, daß bislang nur eine begrenzte Anzahl Menschen die Fähigkeit entwickelt hat, Devas und Naturgeister zu sehen und mit ihnen zu kommunizieren. Dies braucht uns nicht zu entmutigen, wenn nur unser Verstand es akzeptieren kann. Findhorn-Erfolge im direkten und bewußten Kontakt (mit den Devas Anm. der Verf.) haben jedoch eine tiefe Bedeutung. Sie beweisen ganz konkret, daß das Pflanzenwachstum nicht nur ein mechanischer Vorgang ist. Es wird deutlich, daß Tausende von lebendigen und einsichtigen Wesen in den Blüten, Blättern und Wurzeln an der Arbeit sind. Das schöne, hervorstechende Wesen, das dieses Reich regiert, nannte man zur Zeit der Griechen Pan. Der Mensch ist heute dazu aufgerufen, diese Handwerker und Künstler der lebenden Natur, die Diener des allerhöchsten Gottes sind, anzuerkennen und mit ihnen zu arbeiten. Wir sehen mit Schrecken, was der Mensch in seiner Gier, Unwissenheit und Arroganz der Erde, der Pflanzenwelt und dem Tierreiche antut.

Für mich kann es gar nicht anders sein: Jede Pflanze, jeder Baum, jeder Grashalm führt sein ganz spezifisches Eigenleben. Er ist höchst dankbar für jede Zuwendung, die man ihm angedeihen läßt, hat seine Empfindungen, von denen er viele auch ausdrücken kann. Man muß nur ganz genau beobachten. Wer mit Leib und Seele gärtnert, wird dies spüren, und in manchen, einfühlsamen Büchern ist darüber auch zu lesen.

In meinem Garten bin ich noch weit davon entfernt, solche außergewöhnlichen Hilfen zu erhalten und Anleitungen zu bekommen, um besondere Erfolge zu erzielen - so denke ich jedenfalls. Vielleicht bin ich auch noch viel zu neu und fremd hier, muß erst noch vertrauter werden mit den Gegebenheiten und noch viel behutsamer umgehen mit allem Lebendigen, um mir diese ganz besondere Auszeichnung zu verdienen.

Gespräch mit Tomaten
Was aber ist dran an der alten Gärtner- und Bauernweisheit „Rede mit deinen Pflanzen und sie gedeihen"? Diese Frage beantworteten Wissenschaftler der Fachhochschule Weihenstephan vor einigen Monaten erstmals in einem nach wissenschaftlichen Spielregeln durchgeführten Großversuch.
Angefangen hatte alles damit, daß ein Gärtner in einer Fernsehsendung sagte, er habe deshalb so schöne Tomaten, weil er mit den Pflanzen rede. Dem Reporter in der Live-Sendung war das Ganze höchst suspekt und peinlich, er schloß das Interview mit einigen hämisch-zweifelnden Bemerkungen ab. Doch die Redaktion bekam Tausende von Zuschriften, viele Blumenfreunde pflichteten

dem Gärtner bei, sie hatten ähnliche Erfahrungen mit ihren grünen Lieblingen gemacht. Das rege Zuschauerinteresse brachte die Redaktion auf die Idee, der Sache mit dem „grünen Daumen" und der Frage, ob es sich wirklich lohnt, mit Pflanzen zu sprechen, ernsthaft nachzugehen.

100 Fernsehzuschauer aus Nordrhein-Westfalen erhielten je sechs Tomatenpflanzen. Die Versuchsteilnehmer mußten die Pflanzen in zwei Gruppen einteilen. Beide Gruppen hatten dieselben Lichtverhältnisse und wurden gleichzeitig mit der gleichen Menge Wasser gegossen. Beide Gruppen wurden exakt gleich behandelt, bis auf einen Unterschied: Mit der einen Gruppe haben die Betreuer jeden Tag liebevoll geredet, mit der anderen nicht. Die gesamte Versuchszeit über wurde das Wachstum der Pflanzen sorgfältig protokolliert, Statistiker verglichen Zigtausende von Einzeldaten miteinander. Die Wissenschaftler, die 40 000 Daten der Versuchsreihe ausgewertet hatten, können das Ergebnis noch heute nicht fassen: Die Tomatenpflanzen, mit denen geredet wurde und die so täglich liebevolle Zuwendung durch ihre Besitzer genossen, brachten im Durchschnitt 22,2 Prozent mehr Ertrag als solche, die vom selben Betreuer lediglich mit Wasser und Dünger versorgt wurden.

(aus: „Vom Gedächtnis der Pflanzen" in: Kraut und Rüben, Dezember 1992.)

Heinz Ervens *Paradies*

Der Tag, den wir uns für unseren Besuch in Remagen ausgesucht hatten, war denkbar schlecht gewählt. Den ganzen Sommer über hatten wir diesen Besuch schon geplant, aber - wie das oft so geht - keine rechte Zeit dafür gefunden. Der strahlende Sonnenschein der letzten Tage hatte mich dann dazu verführt, diesen späten Termin noch wahrzunehmen, bevor wir Deutschland verlassen wollten. Nun aber bedeckte sich der Himmel mehr und mehr. Als wir nach vielstündiger Fahrt endlich das *Paradies* erreichten, erwies es sich als ein sehr kaltes. Ein eisiger Wind kam von den Remagener Höhen herab. Die Sonne hatte sich vollkommen verkrochen, und wir froren jämmerlich, als uns Freund Erven - auf seinen Krückstock gestützt - langsam durch sein weitläufiges Gelände führte.

Wie schade, dachten wir, daß wir ausgerechnet diesen ungünstigen Tag erwischt haben, der uns manches nicht so recht wahrnehmen läßt, was uns sonst vielleicht mit heller Begeisterung erfüllt hätte. Doch was uns dann gezeigt wurde, war so beeindruckend, daß wir sehr bald alle Unbilden der Witterung vergessen hatten. Es ist einfach kaum zu glauben, daß ein einzelner Mensch dies alles aus dem Nichts bzw. aus einem Waldstück geschaffen hat - ein Musterbeispiel dafür, was man auch alleine an Neuem hervorzubringen vermag! Man muß es nur fertigbringen, sich von alten und überholten Vorstellungen zu lösen, die da z.B. sagen: So habe ich es doch immer gemacht, und auch schon meine Eltern und Großeltern, was sollte es für einen Grund geben, es plötzlich zu ändern?

Die vom Irrtum zur Wahrheit reisen,
das sind die Weisen!
Die im Irrtum beharren,
das sind die Narren!
      (anonym)

Heinz Erven ist ein Musterbeispiel für einen solchen „Weisen". Sein *Paradies* kann man allen gärtnernden Menschen nicht genug zur Anschauung und Nachahmung empfehlen sowie als Anreiz, auch mit eigenen Gedanken und Ideen die weitere Entwicklung voranzutreiben. Freilich hat er sein großartiges Werk nicht allein vollbracht; viele Milliarden von fleißigen „Mitarbeitern" kamen ihm zu Hilfe, damit sich der Boden langsam in fruchtbarsten Humus verwandeln konnte, die Regenwürmer! Sie sind es, die den Boden bereiten, die das „schwarze Gold", wie er es nennt, produzieren. Diese freiwilligen und kostenlosen Helfer gilt es allerdings zu hegen und zu pflegen und ihnen nicht mit salzhaltigen Düngemitteln und Pestiziden, sogenannten Pflanzenschutzmitteln, den Garaus zu machen.

Im Schaukasten zeigt uns Heinz Erven, wie seine „Mitarbeiter" den Boden langsam zu wunderbarer Ackerkrume umarbeiten, und das ganz ohne unser Zutun! In allen Schulen - so meint er - müßten diese „Lehrkästen" stehen, damit schon den Kindern das Verständnis für die Natur und das wunderbare Zusammenwirken alles Lebendigen begreifbar gemacht wird. Dann käme sicher niemand auf die Idee, den Boden, auf und von dem wir alle leben, eines schnellen Profits wegen zu vergiften, nur, um das Letzte aus ihm herauszupressen. Daß wir uns damit unserer eigenen Existenzgrundlage berauben, wird in einem anderen Kasten anschaulich demonstriert, in dem die Erde durch künstlichen Dünger völlig tot und unbrauchbar gemacht wurde.

Dabei stehen uns zur Bodenverbesserung im Kompost, in den Pflanzenjauchen, im Grün-Dung, in der Mischkultur und auch im Mulchen so wunderbare, billige, für Mensch, Tier und Pflanze unschädliche Mittel zur Verfügung. Gemulcht wird im *Paradies* auf vielfältige Weise: mit Gras, Heu, Stroh und Lavagranulat, mit Comfrey, Brennesseln und anderen Kräutern, mit Kompost und Grün-Dung, ja sogar mit Neuseeländer Spinat und anderem. In seinem ausgezeichneten kleinen Buch *Mein Paradies* schreibt Heinz Erven: „Auch in der Bekämpfung von sogenannten „Unkräutern" nehmen wir es nicht so genau! Besser als u n b e d e c k t e r B o d e n ist immer noch dieser, manchmal nicht so ganz erwünschte Bewuchs!" Gerade diese Bodenbedecker helfen uns, auf all die schädlichen Praktiken der künstlichen Düngung, der massiven Schädlingsbekämpfung mit Giften usw. vollkommen zu verzichten.

Welche Eindrücke Kinder von einem Besuch im *Paradies* gewinnen können, zeigt folgender Schulaufsatz:

Das Vogelparadies
An einer Landstraße hinter Remagen liegt es. Herr Erven ist der Besitzer des Grundstücks. Sein Land ist 6 ha groß. Er hat 3000 - 4000 Obstbäume. Um die Schädlinge zu bekämpfen, nimmt er kein Gift. Dem Gutsbesitzer hilft der Ohrwurm. Er vernichtet die Schädlinge bei Nacht, während die Vögel ihm bei Tage helfen.

Herr Erven besitzt 250 Vogelhäuschen. Er hat die Vogelhäuschen in Augenhöhe gehängt, damit er immer weiß, was darin vorgeht. Herr Erven hat den Vögeln Wasserringe gegeben. Er hat aber in diese Ringe Steine hineingelegt, denn wenn ein Käfer hineinfällt, kann er sich auf den Stein retten.
Der Gutsbesitzer hat Kästen aufgestellt. Darin hat er Hühnerfedern und Hundehaare gesammelt. Aus den Haaren und Federn bauen die Vögel ihre Nester. Der Gutsherr züchtet Regenwürmer in einem Glaskasten. Sie lockern ihm den Boden. Er kann die Regenwürmer gut gebrauchen.
Herr Erven hat einen Abfallhaufen. Die Abfälle aus der Küche und dem Garten läßt er verfaulen und düngt damit seine Erde. Ein Teil von seinem Acker hat er mit Stroh bedeckt. Dadurch bleibt die Feuchtigkeit im Boden, und die Regenwürmer dringen nach oben. Das Stroh hält den Boden warm, so kann die Frucht schneller reifen.
Herr Erven hat wirklich an alles gedacht. Seine Blumen werden biologisch gepflegt, deshalb blühen sie zehn Tage länger als die anderen. So ein Mann muß die Natur lieben. Denn sonst hätte er nicht in sechs Jahren den Urwald in ein Paradies verwandeln können. Seine große Mühe und seine Liebe werden aber durch den reichen Ertrag seiner Ernte belohnt.

Langsam werden wir durch ein riesiges Versuchsgelände geführt, das den ungeheuren Ideenreichtum, den Fleiß und die Experimentierfreudigkeit seines Besitzers zeigt. All dies hat er immer i m E i n k l a n g m i t d e r N a t u r und ihrem Schöpfer aufgebaut, n i e m a l s g e g e n s i e ! Der Erfolg dieser Denk- und Handlungsweise ist denn auch auf Schritt und Tritt sichtbar. Da gibt es z.B. viele Hochbeete; einige sind aus Brettern angefertigt, andere aus Steinen gemauert. Jedes davon ist in der Lage, eine ganze Familie mit den nötigen Gemüsen und Früchten zu versorgen. Wir sehen aus einfachen Materialien gebastelte Gewächshäuser für Tomaten, die es sichtbar zu danken wissen, daß sie auf diese Weise von saurem und auch anderem Regen verschont bleiben, den sie gar nicht mögen. Um dem großen Wassermangel in trockenen Sommern abzuhelfen, wird alles anfallende Regenwasser in Behältern gesammelt. Dort hinein werden anfallende Abfälle geworfen, soweit sie organischer Herkunft sind. Diese vermodern dann mit Hilfe der Bakterien und können nach einigen Tagen als glitschige Masse wieder herausgefischt werden. Als Mulch- und Kompostgaben werden damit die Pflanzen belegt. Obenauf kommt Grünzeug, wie es gerade anfällt: Gräser, Blätter, Laub, auch „Unkraut" und dergleichen.

Das ist das ganze Geheimnis, warum der Boden darunter niemals austrocknet. Selbst in solch extrem trockenen Sommern, wie das die letzten waren, als man überall die verheerenden Folgen für die Vegetation beobachten konnte, stand hier alles in saftigem Grün, so berichtete uns der Gutsherr. Und das hier auf den Höhen des Ahrtales, wo der fast ständig wehende Wind den Boden noch zusätzlich austrocknet. Das Austrocknen der Bäume verhindert Heinz Erven dadurch, daß er alle Steine, die er in der Nähe findet, um die Stämme anhäuft - auch eine Art von Mulch! Unter dieser Schicht finden außerdem alle möglichen kleinen Tiere („meine kleinen Freunde", wie er sie nannte), z.B. Eidechsen und Blindschleichen, Schutz, Nahrung und Unterschlupf. Gewöhnlich biegen sich die Zweige der Bäume unter der Last der Früchte, und nur ihre besondere Elastizität, die durch die immer vorhandene Feuchtigkeit aufgrund der Mulchschicht bewirkt wird, verhindert ihr Brechen.

Der Regenwurm
Wer ehrt den Regenwurm,
den Ackersmann tief unter dem Gras im Erdreich?
Er hält den Boden in der Verwandlung.
Er arbeitet, ganz mit Erde gefüllt,
stumm vor Erde und blind.
Er ist der niedere, der untere Bauer
dort, wo die Äcker zur Ernte gekleidet werden.
Wer ehrt ihn,
den tiefen, den ruhigen Ackersmann,
den ewigen, grauen, kleinen Bauern im Erdreich?
                                    Harry Martinson

Die Tiere stehen im *Paradies* unter einem ganz besonderen Schutz. Sie werden mit viel Liebe, Einfallsreichtum und Eingehen auf ihre speziellen Eigenheiten gehegt und gepflegt. So findet man bei Heinz Erven natürlich jede Menge von Nistkästen für Singvögel und auch umgekehrte Blumentöpfe aus Ton, die mit Stroh gefüllt in den Bäumen für die sogenannten Ohrenkneifer befestigt werden, die zu den eifrigsten Helfern im Obstgarten beim Vertilgen von Blattläusen zählen. Sogar die Waldameisen werden extra ins *Paradies* geholt, denn sie halten die Baumstämme frei von Parasiten.

Zu den nützlichsten Helfern zählen die Igel. Hat man genug von diesen putzigen Stacheltieren im Garten, sind sie imstande, Mäuse, Schnecken, Raupen u.a. Schädlinge in Schach zu halten. Man muß ihnen nur genügend Trinkwasser zur Verfügung stellen, wenn man sie im Garten halten will, denn sie sind sehr durstige Gesellen! Heinz Erven baute ihnen außerdem zwei spezielle Igelunterschlüpfe, wo sie auch gleichzeitig ein warmes Quartier finden.

Für Fledermäuse wurden spezielle Nistkästen zum Brüten aufgehängt. Da diese Tiere durch den starken Einsatz an Pestiziden fast überall verschwunden waren, wird hier versucht, auch sie wieder heimisch zu machen. Auch eine Hummelbrutstätte haben wir gesehen, die diesen wichtigen Insekten zur raschen Vermehrung dient. Da die Hummeln im Frühjahr zeitiger fliegen als die Bienen, kommt ihnen im Obstgarten eine besondere Bedeutung zu. Besonders in diesen Jahren, die so sehr von späten Nachtfrösten gekennzeichnet sind (wodurch unsere gesamte Obsternte in diesem Frühling 1991 vernichtet wurde), können sie helfen, wenigstens einen Teil der Früchte zu retten: Die Blüten werden durch Hummeln eher befruchtet, so daß sie dadurch leichter der Vernichtung bei späten Frösten entgehen.

Für die Greifvögel stehen einige 6 - 7 m hohe Stangen im Gelände, die laufend von Habichten, Sperbern u.a. benutzt werden. Diese Vögel spielen im Haushalt der Natur eine wichtige Rolle. Da sie durch das Eingreifen des Menschen stark dezimiert wurden, konnten sich z.B. Ameisen und Stare derart vermehren, daß sie zur Plage wurden.

Unendlich viel könnte ich noch berichten! Seiten um Seiten könnte ich damit füllen, was man dort in Remagen in Heinz Ervens *Paradies* an guten Tips, Anregungen und Hilfen erhält: Gehen Sie selbst hin und nehmen Sie aus der Fülle. Sie werden es nicht bereuen! Ich selber bedauere es tief, daß ich mir nicht vor vielen Jahren die Zeit dafür genommen habe. Da hat einer schon lange vor mir all das ausprobiert und gewußt, was ich mir selbst erst so mühsam und zum Teil unter schmerzlichen Enttäuschungen erarbeiten mußte. Wieviel hätte ich dort kostenlos übernehmen können! Es ist nur tröstlich, daß es bekanntlich nie zu spät ist, etwas dazuzulernen.

Nach der Führung werden wir eingeladen, uns in dem kleinen Wohnzimmer aufzuwärmen und uns vor der Heimreise etwas zu stärken. Wir lernen Heinz Ervens Mitarbeiterin Ursula Venator kennen, und in dem folgenden Gespräch kommen die ganze Vitalität dieses Mannes und sein hellwacher Geist nochmals zur Entfaltung. Reich beschenkt, voller Dankbarkeit und sehr nachdenklich verlassen wir Remagen.

Ohne Zweifel: Heinz Erven kann auf ein langes Leben zurückblicken, angefüllt mit Arbeit und Entbehrung im Dienste der Menschlichkeit, aber auch voller Erfolg und Anerkennung. Wie schön, daß er die richtige Nachfolgerin gefunden hat, die sein Werk weiterführen wird. Dies ist ein großer Glücksfall. Er hat sein Paradies hier auf Erden gefunden - wir müssen unseres noch suchen.

Fragen zum Mulchgarten

Besucherinnen und Besucher kommen zu Wort

1. Fliegt das Stroh nicht weg?

Diese Frage wurde unzählige Male an mich gestellt, und zwar - wie ich bald herausfand - überwiegend aufgrund der Angst vor nachbarlichen Beschwerden über die unerwünschte Verunstaltung ihres sorgsam gehegten und fein säuberlich gepflegten Mustergartens. Obwohl ich in meiner Nachbarschaft dieses Problem niemals hatte, mußte auch ich erst Erfahrungen mit dem Stroh und dessen Haftvermögen sammeln. Ich hatte zunächst durchaus Bedenken, liegt doch unser Garten am Hang und ist damit (im stark windigen Weserbergland) jeder Witterung ausgesetzt.

Nachdem ich die neu gelieferten Strohballen fein säuberlich auf der Terrasse unter Dach aufgeschichtet hatte, damit es ja nicht naß werden konnte, verreiste ich für einige Tage und erlebte bei meiner Rückkehr eine arge Überraschung (siehe mein Buch *Mein Mulchgarten*, S. 49): Ein Sturm war aufgekommen und hatte das Stroh buchstäblich in alle Winde zerstreut! Ein paar Bündel aber, die aus Platzmangel gleich in dem darunterliegenden Garten zu liegen kamen, fand ich dort ganz brav und unversehrt an Ort und Stelle vor. So wußte ich gleich, worauf es ankam, und seither lege ich die neuen Ballen immer gleich ins Freie in den Garten, wo die Nässe von Regen und Tau alsbald für die nötige Schwere sorgen.

An exponierten Stellen, die sehr stark dem Wind ausgesetzt sind, kann man etwas Erde darübergeben, oder man läßt das Stroh leicht anrotten. Feuchtes Stroh also verbindet sich rasch mit der Erde und bleibt auch dort liegen, wo man es hingebracht hat.

2. Treten nicht vermehrt Wühlmäuse unter der Mulchdecke auf?

Zum Vertreiben kann folgendes in die Gänge gegossen bzw. gelegt werden:
- Abkochungen von Holunderbeer- oder Walnußblättern oder Knoblauchzehen
- Thujaschnitt (sehr wirksam)
- abgeschnittene Haare (vom Frisörladen).

Hilfreich sind Anpflanzungen von Wolfsmilch, Kaiserkronen, schwarzen Johannisbeeren oder Sonnenblumen um die gefährdeten Pflanzen oder um den Garten. Werden Flaschen schräg in die Erde gesetzt, erzeugt der Wind darin Töne, die die Tiere abhalten sollen.

Diese sanften Maßnahmen vertreiben die Tiere lediglich in den Nachbargarten, von wo aus sie früher oder später doch wieder in den eigenen Garten zurückkehren. Sie sind also nur sinnvoll, wenn sie gemeinschaftlich mit anderen durchgeführt werden. Wird ein Garten stark von diesen mit Recht gefürchteten Nagern heimgesucht, wird man nicht darum herumkommen, zu harten Mitteln zu greifen. Am sichersten wirken Fallen oder käufliche Köder (z.B. *Quiritox*), die in die Gänge eingelegt werden und die Tiere schmerzlos töten, wie in der Beschreibung versichert wird.

Zu den wichtigsten Maßnahmen allerdings gehört es, die natürlichen Feinde zu hegen, zu schützen und wieder vermehrt bei uns heimisch zu machen, z.B. Igel, Iltis, Greifvögel und Eulen. Doch wird dies nicht überall gelingen und ist wahrscheinlich auch nur in naturnahen Gärten und weniger in kleinen Stadtgärten zu verwirklichen. Versuchen sollte man es jedoch auf jeden Fall.

Eine sehr zu empfehlende vorbeugende Maßnahme besteht darin, Neuanpflanzungen mit Kückendraht zu versehen, ehe man sie in die Pflanzgrube gibt. Dies trifft z.B. auch für junge Obstbäume zu. Hier wird der Draht um den ganzen Wurzelballen gelegt und bis an die Erdoberfläche herangeführt.

In Heinz Ervens *Paradies* in Remagen wurde, wie er mir berichtete, durch die Maßnahme mit dem Kückendraht bei ca. 180 Neuanpflanzungen keinerlei Ausfall durch Wühlmäuse verzeichnet. In meinem Mulchgarten fiel in diesem Jahr wieder ein Pfirsichbaum, der nicht auf diese Weise gesichert war, den Nagern zum Opfer, während ein Apfelbäumchen daneben - mit Draht versehen - verschont blieb.

Eine einfachere Methode ist es, die ganze Grube mit zerstampften Glasabfällen zu füllen, da die gefräßigen Nager dieses „Revier" dann meiden. Natürlich ist es sinnvoll, in diesem Erdreich nicht mit bloßen Händen zu arbeiten. Wenn die Baumscheibe jedoch stets gemulcht ist, braucht man ja weder zu jäten noch zu hacken oder gar umzugraben, und die Wurzeln können sich in Ruhe ausbreiten. Auch das Aufbringen von Gesteinsmehl und Kompost wird hierdurch nicht gestört.

3. Wird durch die Mulchdecke die Schneckenplage nicht noch verschlimmert?

In nassen Sommern und in Gegenden, die von der Schneckenplage besonders heimgesucht sind - aus dem süddeutschen Raum hörte ich von Leuten, die ihre Gärten vollständig aufgegeben haben, weil sie die Plage nicht in den Griff bekamen - kann es schon stimmen, daß vorübergehend mehr Zeit für die Bekämpfung aufgewendet werden muß. Hier einige der wichtigsten Maßnahmen:

Schneckenzäune und Schneckenrinnen (Bezug siehe Anhang), die einmal installiert die Schnecken auf Jahrzehnte hinaus von den eingezäunten Beeten fernhalten, gehören bestimmt zu den sichersten, wenn auch nicht gerade billigen Methoden. Wer geschickt ist, kann sich aber aus alten Brettern selbst solche Einfriedungen herstellen, die natürlich dann nicht ganz so lange halten werden. Oder man beschränkt sich mit den käuflichen Zäunen auf die besonders gefährdeten Gemüsearten wie Salat, Spinat, Kohlrabi etc. Bei diesen Abwehrmaßnahmen muß man aber besonders gut darauf achten, daß von außen nichts über den Rand wachsen kann, was die findigen Gesellen als Brücke benutzen, um alsbald an die begehrten Leckerbissen zu gelangen. Man tut gut daran, die Wege rund um diese Beete sehr sauber zu halten und dick mit Lavagranulat zu bestreuen; dieses Material lieben die Tiere ebensowenig wie groben Sand. Auch muß man aufpassen, daß mit neuer Erde oder mit dem Mulch keine Schädlinge oder deren Gelege eingeschleust werden. Mit umgestülpten Blumentöpfen, in denen sie sich verkriechen, oder auch mit umgelegten Brettern ist der Schaden dann jedoch leicht zu beheben. Ebenso wirksam, nur nicht so billig, sind Bierfallen (siehe S. 16).

Auch an dieser Stelle möchte ich auf die zahlreichen natürlichen Feinde der Schnecken verweisen, die wieder vermehrt heimisch gemacht werden sollten und die sich im Biogarten gewöhnlich sehr schnell einfinden: Spitzmäuse, Ohrwürmer, Igel, Blindschleichen, Kröten und ganz besonders natürlich unsere gefiederten Sänger.

Zuletzt möchte ich noch an das Absuchen des Gartens erinnern, das ich in nassen Jahren oft als letztes Mittel praktiziere. In der Abenddämmerung oder im Morgengrauen gehe ich mit Taschenlampe bewaffnet auf „Jagd". Wie gut, daß sich die Kriechtiere sowohl auf dem Stroh als auch besonders auf dem Lavagranulat gut abheben und daß sie - natürlich - nicht so schnell entwischen können. Im Stroh selbst bewegt sich keine Schnecke, sie würden sich daran verletzen. Ein wachsames Auge ist im Garten stets gefragt! Die Vorteile des Mulchens für Mensch und Boden, besonders die Arbeitsersparnis, sind sehr groß. Man sollte sich auf keinen Fall davon abhalten lassen, wenn vorübergehend einmal vermehrt Schnecken auftreten.

Der Mulch - hauptsächlich denke ich an Stroh - bleibt kaum für lange Zeit an einer Stelle liegen, so daß die Tiere sich ungestört entwickeln könnten. Man packt es fast ständig hin und her, und wenn irgendwo Schäden zu bemerken sind, ist es richtig, es für einige Zeit ganz beiseite zu lassen, damit man den oder die Übeltäter beobachten kann. Es heißt, daß die Schnecken das Stroh nicht lieben und sauren Boden bevorzugen. Das deckt sich mit meinen Erfahrungen. Nach einiger Zeit der Umstellung wird Ihr Gartenboden eine solch gesunde Beschaffenheit erlangt haben, daß Ihre Pflanzen sich weitgehend der Krankheiten und auch gewisser Schädlinge erwehren können. Genau das ist ja im allgemeinen auch bei gesunden Menschen der Fall, denen Viren und Krankheiten nichts anhaben können.

Natürlich wissen wir, daß auch viele andere Dinge eine Rolle spielen, die weltweit zu beobachten sind und auf die wir wenig direkten Einfluß haben, z.B. Luftverschmutzung, saurer Regen, Klimaverschiebungen. Doch gerade deshalb sollten wir die Dinge, die wir selbst noch ändern können, mit aller Kraft in Angriff nehmen.

4. Wie hoch soll gemulcht werden?

Die Frage ist nicht mit einem Wort zu beantworten, denn die Höhe der Mulchdecke richtet sich sehr nach dem jeweiligen Zweck, der Beschaffenheit des Bodens und des Mulchmaterials sowie auch nach der Witterung und der Jahreszeit (siehe *Mein Mulchgarten*, S. 21). Als Faustregel gilt: Für die einfache Bodenbedeckung reicht eine Schicht von ca. 10 cm aus.

Im übrigen lernt man sehr schnell, mit dem Mulch umzugehen. Man sieht, wo es nötig ist, die Decke zu erhöhen, wenn z.B. in heißen Sommern die Kartoffeln vor der Sonneneinstrahlung geschützt werden sollen oder wenn Wildkräuter sich durch die Bedeckung durchgearbeitet haben. Manchmal ist es richtig, den Mulch einige

Zeit ganz beiseite zu lassen, z.B. im Frühjahr, damit sich der Boden für die ersten Aussaaten schneller erwärmt, oder bei Schädlingsbefall, damit man besser beobachten kann.

Um den Boden urbar zu machen, legt man am besten ganze Bündel auf, um Quecken, kriechenden Hahnenfuß, Giersch oder ähnliche starkwurzelnde Kräuter zu unterdrücken. Ebenso sind dichtere Schichten erforderlich, wenn man Gemüse im Freiland vor Frösten schützen möchte.

5. Kann unter Mulch nicht Fäulnis entstehen?
Auch hier kann man nicht mit Ja oder Nein antworten. Mein bevorzugtes Mulchmaterial, das Stroh, neigt aufgrund seiner Luft- und Feuchtigkeitsdurchlässigkeit ebensowenig zu Fäulnis wie Gehäckseltes, wenn dies nicht allzu fein oder zu dick aufgetragen wird.

In meinem Garten habe ich nie Fäulnisbildung beobachtet, obwohl wir einen sehr festen, lehmigen Untergrund haben. Allerdings gibt es hier auch keine ebene Fläche, da der Garten nach zwei Seiten hin geneigt ist; das Wasser staut sich nie. Bei ganz flachen Gärten und starken oder anhaltenden Regenfällen ist dies eher denkbar, vor allem, wenn Mulchmaterial in langen Zeiträumen liegenbleibt. Im allgemeinen ist ja eine rasche Umsetzung in Humus zu beobachten, solange es sich nicht um sehr dichte Lehm- oder gar Tonböden handelt. Diese sollten vor dem Mulchen mit der Grabegabel oder dem Sauzahn aufgebrochen werden.

Mir wurde bislang nur ein einziger Fall mit negativem Ergebnis bekannt: Hier wurde mit frischer Grünmasse aus dem Stadtpark in großer Menge und über einen langen Zeitraum hinweg gemulcht. In den ersten Jahren war das Ergebnis eine enorme Steigerung der Fruchtbarkeit. Dann jedoch kam es durch die ständige Decke, die vornehmlich aus Grüngras bestand, zu einer verdichtenden und die Ventilation verhindernden Wirkung. „Unter der gelb-braunen Grasdecke war es glitschig, so daß ich Fäulnis argwöhnte, die ich auf keinen Fall und nirgendwo dulden möchte." Hier wird der Segen des Mulchens zwangsläufig in das Gegenteil verkehrt, und es entstehen völlig ungewollte, schädliche Umsetzungen. Gras ist das Material, das in fast jedem Garten anfällt, und es wäre schade, wenn es in Verruf käme. In dünnen Lagen, d.h. höchstens einige Zentimeter hoch und am besten noch mit trockenen Materialien vermischt, ist Gras durchaus zum Mulchen geeignet. Nur sollte man es nie ganz frisch aufbringen; wenigstens ein paar Tage sollte es gesondert geschichtet werden, da frisches Gras Schnecken anzieht. Nach einigen Tagen entfällt dieser „Anziehungspunkt".

Heu scheint mir für die Humusbildung außerordentlich wertvoll zu sein, und mir ist hierüber niemals etwas Nachteiliges bekannt geworden. Küchenabfälle werden von mir das ganze Jahr über direkt auf die Beete oder die Baumscheiben aufgebracht, wodurch die schwere Arbeit mit dem Kompostieren entfällt. Mit anderen Worten: Kompost wird auf diese Weise ohne Mehrbelastung an Ort und Stelle erzeugt und ist - auch laut Bill Mollison *(Permakultur,* siehe Anhang*)* - wirksamer als nach vielen „Umschichtungen". Es sollte sich dabei nicht um Gekochtes handeln, das den Boden verkleistert. Wie bei allen stark wasserhaltigen Materialien gilt auch hier, nicht zu dicht zu mulchen und die Mulchschicht obenauf mit Trockenem, z.B. mit Stroh, Laub oder Heu, abzudecken.

6. Auszüge aus einem Briefwechsel

Anfänglich schlechte Erfahrungen mit dem Mulchen machte Renate Krieghoff aus Hannover, wie sie mir in einem Brief schrieb.

Da meine Familie und ich berufstätig sind und der Garten nicht nur zum Arbeiten sein soll, beschlossen wir, ihn zu mulchen. Schon vom elterlichen Garten her kannten wir es, den Boden immer bedeckt zu halten, allerdings nicht mit Stroh, sondern mit Blättern oder Heu. So taten wir es auch im ersten Jahr, doch in diesem sehr warmen Sommer trocknete der Boden (Sand) sehr aus, so daß wir oft gießen mußten. Zwar ernteten wir gut, aber wir mußten uns mehr mit der Gartenarbeit beschäftigen, als es unsere Zeit erlaubte.

Ich las von Ihrem Buch (Mein Mulchgarten)*, kaufte es, und wir alle waren sehr begeistert von dieser Art zu mulchen. Auch mit der Strohbeschaffung hatten wir keine Probleme. Bevor wir Mitte Mai in Urlaub fahren wollten, sollte noch einiges in den Boden gebracht werden. Wir räumten das Stroh ab, wo wir einsäen wollten, damit die Erde sich erwärmt. Der Boden war sehr locker und gut durchlüftet. Die ersten Frühgemüsesorten brachten wir ein und deckten nach dem Einsäen wieder alles gut mit Stroh zu.*

Als wir nach zwei Wochen wieder nach Hause kamen, war nichts aufgegangen: Der gepflanzte Salat war ebenso abgefressen wie Bohnenblätter, Pfefferminze, Salbei, Wermut, Mangold usw. Für uns steht fest: Das Stroh muß wieder aus dem Garten heraus!

Können Sie mir erklären, was wir wohl falsch gemacht haben oder was die Ursache sein könnte?

Und hier einige Auszüge aus meiner Antwort:

Vorweg dies: Verkehrt haben Sie ganz gewiß nicht soviel gemacht, und Ihren Unmut, so um den Erfolg Ihrer Arbeit gebracht zu werden, verstehe ich vollkommen. Ebenso, daß Sie nun am liebsten das Kind mit dem Bade ausschütten und in Zukunft ganz auf die unbestreitbaren Vorzüge des Mulchens verzichten möchten.
Die Umstellung auf die Mulch-total-Methode ist eine einschneidende Maßnahme für einen Garten; sie erfordert Zeit und auch eine Portion Geduld. Auch ich mußte anfänglich ähnliche Erfahrungen machen, bin aber heute froh, daß ich damals nicht aufgegeben habe. Nun, nach längerer Mulchpraxis, wird es von Jahr zu Jahr besser. Sie haben noch den Vorteil, einen eher sandigen Boden zur Verfügung zu haben, der leichter umzustellen ist als lehmiger.
Als Ruth Stout vor rund zwanzig Jahren ihr Buch Mulch - Gärtnern ohne Arbeit *schrieb, war die Welt vergleichsweise noch in Ordnung, und sie konnte große Erfolge verbuchen. Inzwischen haben sich die Dinge grundlegend verschlechtert, und wir müssen versuchen, damit fertigzuwerden, so gut es eben geht.*
Doch sicher möchten Sie einige konkrete Vorschläge von mir haben. Bei dem großen Schneckenbefall ist es richtig, wenn Sie im Herbst - so wie Sie es vorhaben - Kompost aufbringen, das Stroh leicht mit einarbeiten und dann den Winter über Gelbsenf aussäen. Ihm wird eine schneckenabweisende Funktion nachgesagt. Ich habe allerdings die Erfahrung gemacht, daß solche Maßnahmen einmal hervorragend wirken, ein andermal aber völlig versagen oder gar in das Gegenteil umschlagen. Schnecken scheinen in Geschmacksfragen ebenso große Individualisten zu sein wie wir Menschen. Dennoch denke ich, daß dies ein vielversprechender Weg ist.

Zum Abschluß noch die kurze Antwort von Renate Krieghoff:

Wenn wir im nachhinein unsere Arbeit betrachten, müssen wir feststellen, daß wir in Ihrem Buch einiges überlesen haben, z.B. daß man die Saat erst auflaufen lassen soll und dann mulchen.

Ganz einfach müssen wir Geduld aufbringen, und deshalb wird auch, so haben wir beschlossen, weiter gemulcht. Allerdings werden wir nicht nur Stroh verwenden, da wir auch sehr viel Gehäckseltes haben, u.a. Strauchwerk und Baumschnitt. Im Moment machen uns die Raupen zu schaffen. Wir lesen ab und spritzen mit Brühen.

Die besten Tips

Von den Besucherinnen und Besuchern unseres Mulchgartens habe ich so viele gute Ratschläge erhalten, daß ich froh bin, sie hiermit weitergeben zu können. Allen, die zu diesem Kapitel beigetragen haben, sage ich meinen herzlichen gärtnerischen Dank!

Ameisen
Wermutpflanzen - um die Stämme gebunden - verhindern das Hochklettern der Ameisen an den Obstbäumen und damit das Züchten ihrer „Milchkühe", der Blattläuse.

Brennesseln
Daß Brennesselbrühen und -jauchen in der Schädlingsbekämpfung ein ausgezeichnetes Mittel sind, wissen alle, die biologisch gärtnern, und überall findet man entsprechende Rezepte. Die zuweilen immer noch als lästiges Unkraut angesehene Pflanze kann man aber auch zum Mulchen gar nicht hoch genug einschätzen - vorausgesetzt, sie ist zahlreich vorhanden. Zum Mulchen die Pflanzen stets feucht halten!

Brombeeren
Beerensträucher, die von der Viruskrankheit, der Brombeergallmilbe, befallen sind und daher nicht zur Ausreife gelangen, werden am besten ganz zurückgeschnitten; alle Teile sollten sorgfältig verbrannt werden. Den ganzen Wurzelstock mehrmals mit Schachtelhalm- oder Rainfarnbrühe, der NAB-Plus oder Preicobakt beigesetzt wird, begießen.

Clematis
Beim Zurückschneiden im Frühjahr die abgeschnittenen Teile, die mit Knospen versehen sind, im Gewächshaus oder in Töpfen an warmer Stelle im Haus einsetzen, wo sie mitgegossen werden und bald wurzeln.

Erdbeeren
Beim Pflanzen neuer Erdbeerpflanzen unbedingt darauf achten, daß das Herzblatt frei bleibt, also nie zu tief in die Erde setzen. Es läßt sich leicht beobachten, daß die Pflanze selbst immer das Be-

streben hat, ihr „Herz" hoch zu halten. Nach der Ernte schneidet man die ganze Pflanze bis auf den Wurzelhals samt allen Blättern ab und deckt das Beet bis zum Frühjahr mit Kompost und einer Mulchschicht, vorwiegend Stroh, ab.

Ein weiterer guter Rat: Petersilie, die in die Erdbeerreihen gepflanzt oder gesät wird, fördert das Wachstum der Erdbeeren.

Erdflöhe

Diese verschwinden sicher, wenn man leicht angegorenen Rainfarn, den man mit Brennesselbrühe vermischt (1:20), an die Pflanzen gießt. Dreimal wiederholen.

Fenchelknollen

Wenn man Fenchelknollen anhäufelt, werden sie nicht hochständig.

Frost

Manche Blüte kann man nach späten leichten Nachtfrösten retten, wenn man sie bei Sonnenaufgang, wenn die Temperatur über 0° C steigt, mit kaltem Wasser abbraust. Der Temperaturunterschied ist dann nicht so kraß, so daß die Zellwände nicht reißen.

Gurken

Werden Gurken an Drähten auf einer schiefen Ebene hochgezogen, bringen sie reichliche Ernte und faulen in nassen Sommern nicht. Ab und zu mit Schachtelhalmbrühe übergießen, damit sie vor Krankheiten bewahrt werden. Wasser auf den Boden und nicht über die Blätter gießen.

Bei Mehltaubefall steht nun auch ein biologisches Mittel zur Verfügung: Reines Lezithin („Bioblatt-Mehltaumittel" und „Substral Mehltaufrei").

Gründüngung

Nicht nur als Bedeckung, sondern insbesondere auch als Stickstoffanreicherung des Bodens hat sich die Gründüngung bestens bewährt. Aber: Wenn anschließend Kohl auf das Beet kommen soll, keinen Senf aussäen.

Himbeeren

Keine Pflanze ist für eine gute Mulchdecke so dankbar wie die Himbeere; stets bringt sie darunter gute Ernten. Noch höher werden die Erträge, wenn man regelmäßig Holzasche unter die Bedeckung gibt. Nach der Ernte abgetragene Ruten bald tief abschneiden, es sei denn, es handelt sich um zweimaltragende Sorten.

Kartoffeln

Die äußerst einfache und bequeme Methode, Kartoffeln nicht wie gewohnt in die Erde zu stecken sondern auf das Gras, Stroh oder den Wildwuchs zu legen - besonders, wenn Land urbar gemacht werden soll - funktioniert tatsächlich! (Siehe *Mein Mulchgarten, S. 95*). Probieren Sie es aus! Die Sache hat nur einen Haken: In heißen Sommern, wenn die Sonneneinstrahlung sehr intensiv ist, kann es leicht passieren, daß die leckeren Erdäpfel obenauf alle grün sind und wie Ostereier im Nest liegen. So wurde mir berichtet. Also: Aufpassen und rechtzeitig genügend Stroh, Erde oder eine andere Bedeckung, z.B. alte Säcke, darüberlegen.

Kohlweißlinge

Zu diesem leidlichen Thema gibt es viele Ratschläge. Tomatenauszüge: Zwei Hände voll Blätter und Triebe in 3 l Wasser einweichen und drei Stunden später unverdünnt auf die Kohlpflanzen gießen - mehrere Tage hintereinander wiederholen. Ein weiteres einfaches und sehr wirksames Mittel besteht darin, die ungebetenen Gäste mit gehäckselter Ligusterhecke zu vertreiben.

Lavagranulat

Diese Bereicherung unseres Gartens kann nicht hoch genug eingeschätzt werden - eine absolut umweltfreundliche, unschädliche und vielseitige Hilfe für die Gärten (siehe S. 18).

Lehm

Lehm ist für Mensch, Tier und Pflanze ein Allheilmittel. Bäume damit abbürsten und die Wunden damit verschließen (hilft gegen Krebs). Für einen regelmäßigen Stammanstrich eine Mischung aus Schachtelhalm, Rainfarnbrühe, Kuhdung und Lehm verwenden (siehe *Mein Mulchgarten*, S. 127).

Lollo Rossa-Salat

Endlich gibt es eine Salatsorte, die wir nicht gegen Schnecken verteidigen müssen - sie mögen ihn wohl nicht! Uns schmeckt er aber, und außerdem wächst er nicht aus.

Maschendraht

Seitdem wir den Trick mit dem Maschendraht kennen, macht das Gärtnern wieder richtig Spaß. Vor allem die Amseln waren ständig hinter unseren guten Biowürmern her und nahmen dabei keinerlei Rücksicht auf junge Saaten und Bepflanzungen. Ihnen ist hiermit das Handwerk gelegt. Wird der Draht in entsprechende Stücke geschnitten oder zurechtgebogen, ist er immer schnell zur Hand, wo er benötigt wird. Nachdem wir es den Amseln so schwer gemacht haben, haben sie sich beleidigt in andere Reviere zurückgezogen.

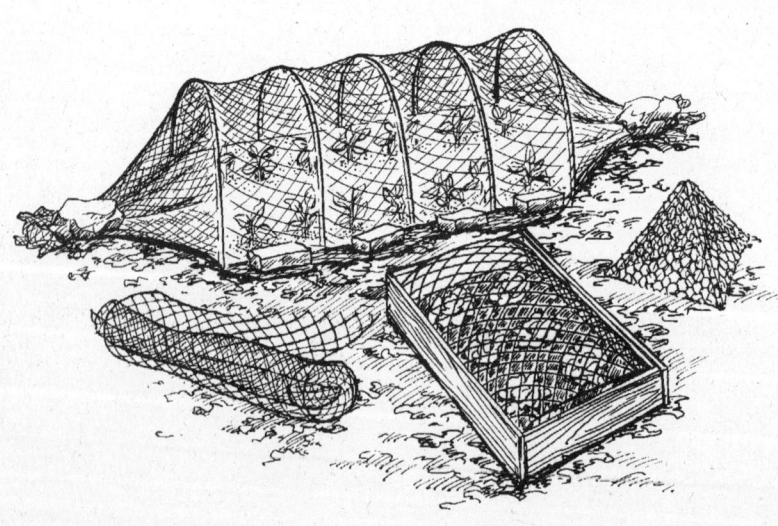

Mäusefraß

Gegen Mäusefraß hilft es, die Mulden, in denen man Gemüse aufbewahren möchte, dick mit Tannenreisig auszulegen.

Möhren

Wenn der Boden zu hart ist, verzweigen sich die Möhren. Bei starker Wasserzufuhr nach langer Trockenheit platzen sie, besonders bei Übergröße.

Steckzwiebeln in der Möhrensaatreihe sind hier sehr hilfreich. Man kann die Reihe sofort erkennen und rechtzeitig lockern, wodurch das Keimen der Möhren beschleunigt wird. Werden die Samen in Humofix-Wasser gebadet oder die Reihen damit vor dem Säen ausgegossen, geht es noch schneller - genauso wie bei allen anderen Sämereien und Pflanzungen. Die Zwiebeln halten außerdem die Möhrenfliege fern.

Bringt man einen Kaltauszug Johannslauch wöchentlich an die Möhren, gibt es mit diesem gesunden und wohlschmeckenden Gemüse keine Probleme mehr. Johannslauch ist eine hier im Weserbergland beheimatete Zwiebelart, die unglaublich schnellwüchsig ist und sich rasch vermehrt, so daß man um Material für Möhrengüsse nie verlegen ist.

Schließlich: Nicht alle Möhren auf einmal aussäen. So hat man immer ganz frische, und es ist auch nicht so schlimm, wenn einmal eine Saat aus irgendeinem Grund ausfällt.

Paprika

Paprika will es warm haben, und zwar von Anfang an. Daher ist es ratsam, ihn vor der Aussaat gut zimmerwarm zu baden und die Reihen bis zum Aufgehen abzudecken: mit Säcken, Schilfmatten, Stroh etc.

Regenwassertonne

Wer hat schon genug Regenwasser? Das Studium der preiswerten Anlage auf der folgenden Seite, die ohne weiteres selber gebaut werden kann, läßt sicherlich die Herzen aller Gärtnerinnen und Gärtner höher schlagen. Diesen genialen Einfall verdanken wir Joachim Fuhrmann.

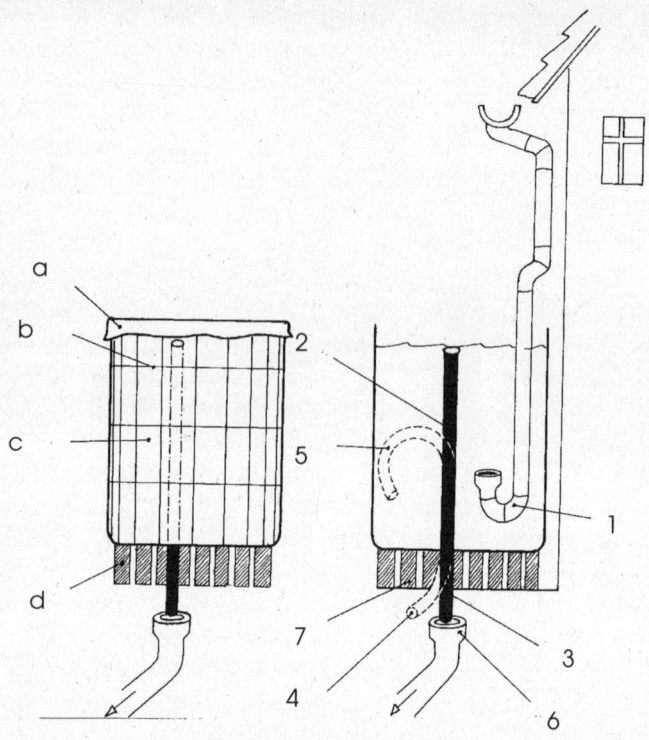

Regenwassertonne mit der Möglichkeit zur Sedimentabscheidung, Reinigung und Entleerung sowie mit Überlaufvorrichtung zur Erweiterung der Zisternenkapazität (nach J. Fuhrmann)

1 Krümmer, so daß beim Einfluß die untenliegenden Sedimente nicht aufgewirbelt werden
2 Herabbiegbarer Schlauch als Überlauf
3 Schlauchablaß-Ende, senkrecht für den Überlaufvorgang bei Regen
4 Schlauchablaß-Ende, beiseite gebogen für den Reinigungsfall
5 Heruntergebogener oberer Teil des Überlaufschlauches (für den Reinigungsfall)
6 Abgesägtes Kanalisationsrohr zur Zisterne
7 Gut aufliegende, dicht stehende Backsteine

a Teichfolie
b Drähte
c Latten
d Gut aufliegende, dicht stehende Ziegel- oder Pflastersteine; sie sollen den Teichfolienboden bei einer Last von 2 to (bei 2 m^3) gut stützen

Rosen

Wilde Seitentriebe stets entfernen. Im Herbst nur die Triebspitzen und vertrocknete Blütenstände abschneiden, auch bei Kletterrosen. Der Mehltauerreger sitzt in den Triebspitzen. Im Frühjahr erfolgt der endgültige Schnitt.

Rosen zu vermehren ist ganz einfach: 5 Augen abschneiden, davon 2 in die Erde an einem schattigen Platz oder in den Blumentopf stecken. Wenn sie wurzeln, den Ballen an Ort und Stelle pflanzen.

Salat

Da Jungpflänzchen dazu neigen, sich schlapp beiseite zu legen, besonders bei wärmerer Witterung und wenn sie nicht ganz frisch aus der Erde wieder in die Erde kommen, ist man versucht, sie bis zum Hals einzudecken. Dies haben sie aber gar nicht gern, weswegen sie oft verkümmern bzw. lange brauchen, bis sie anwachsen. Keine Bange: Die Pflänzchen können, wenn man ihnen nur genügend Feuchtigkeit und Spielraum gibt, von selbst aufstehen.

Tomaten

Solange Tomaten in unseren Breitengraden im Freien stehen, wird man wegen der vielfach zu kurzen Vegetationsperiode immer Schwierigkeiten haben. Deshalb ist es auf jeden Fall ratsam, sie zu überdachen, besonders natürlich in frostgefährdeten Gegenden. Gerade bei den Tomaten ist dieses Vorgehen unbedingt empfehlenswert, da sie es ja im Gegensatz zu den meisten anderen Früchten und Gemüsen sehr lieben, immer am selben Platz zu stehen. Das Dach über dem Kopf ist nicht nur wegen der Fröste ratsam; auch den Regen - ob sauer oder nicht - verabscheuen die Pflanzen, während sie es von unten gerne feucht mögen. Es braucht nicht unbedingt ein Gewächshaus zu sein; auch eine windfeste Überdachung tut seinen Dienst vollkommen und beschert überraschende Ernten. Den größten Erfolg erzielten wir, als wir Tomaten und Sellerie abwechselnd nebeneinander setzten - und zwar bei beiden Gemüsen. Statt an Stäben oder Stangen können Tomaten auch einfach an Schnüren oder Draht hochgezogen werden - bei Überdachung eine einfache Sache.

Das Düngen und Wässern geschieht ganz gezielt durch den Hals einer Flasche, bei der der Boden abgetrennt wurde. Zum Abtrennen legt man einen benzingetränkten Faden um die Flasche und zündet ihn an.

Im Spätsommer abgegeizte Triebe, die in die Erde gesteckt werden, bewurzeln überraschend schnell und problemlos. Sie können dann als neue Stöcke für das kommende Jahr im Keller überwintern - genauso, wie wir das von den Geranien her kennen.

Wermut

Wermut sollte in keinem Garten fehlen. Er dient als Pflanzenschutz, aber auch als Tee bei mancherlei Beschwerden. „Wermut heilt Schwermut" heißt ein altes Sprichwort. Wird bei einer Gemütsverstimmung ein kleines Blättchen hinuntergespült, hebt sich die Stimmung bald erheblich.

Wespen

Wespen im Wein brachten mich mit schöner Regelmäßigkeit Jahr für Jahr um die Ernte meiner Trauben. Nun werden Rainfarndolden in die Stöcke gehängt, und keine Wespe vergreift sich mehr an fremdem Eigentum.

Zwiebelschalen

Zwiebelschalen sollte man das ganze Jahr über fleißig sammeln. Sie eignen sich nicht nur zum Übergießen der Möhren gegen Schädlinge; auch gegen Lagerfäule beim Obst kann man sie gut einsetzen. Dazu 50 g Zwiebelschalen in 1/2 l Wasser kurz aufkochen, abkühlen lassen und unverdünnt über das Lagerobst sprühen. Dieses hält dadurch wesentlich länger und bleibt vor Fäulnis verschont; der Zwiebelgeruch wird nicht angenommen. Der Guß behält seine Wirkung, solange man den Geruch wahrnimmt.

Upacchi

Ein Traum und seine Folgen

Eines Tages im Winter 1990 flatterte uns eine Einladung von Hildegard Pellnat ins Haus: „Toskana alternativ - Gesundheitszentrum - 550 m - Großes Ferienhaus für Vegetarier".
Schon seit langem reizte es uns, die Toskana, diese vielgepriesene Landschaft in Italien, kennenzulernen. Da wir noch kein spezielles Urlaubsziel für dieses Jahr im Auge hatten und Hildegard Pellnat, genannt Vira, zudem eine gute alte Freundin von mir war, die ich gerne wiedersehen wollte, beschlossen wir, die Einladung für den Herbst anzunehmen. Vira lebte schon lange in Italien, war mit Sprache, Land und Leuten vertraut, und so freuten wir uns auf einen erholsamen und gleichzeitig äußerst interessanten Urlaub. Nicht die leiseste Ahnung hatten wir, daß damit Dinge für uns ins Rollen kamen, die unser ganzes bisheriges Leben in völlig andere Bahnen lenken sollten.
In freudiger Erwartung auf das Wiedersehen mit der lieben Freundin machten wir uns am 26. Oktober 1990 auf den Weg. Über den tiefverschneiten Brenner fuhren wir, und die Landschaften, die unser „Michelangelo" durcheilte, wurden immer gigantischer, immer pittoresker. Nach stundenlanger Fahrt durch die Poebene endlich erreichten wir unser erstes Ziel, Bologna. Dort fanden wir den richtigen Anschluß nach Imola, wo uns eine glückliche Vira in die Arme schloß.
Nach ein paar Tagen der Ruhe und Eingewöhnung bemerkten wir, daß im Gespräch mit unserer Gastgeberin immer häufiger der Name „Upacchi" (sprich: Upaki) auftauchte. „Was ist Upacchi?" fragten wir schließlich und erfuhren: „Es gibt viele verlassene Dörfer hier in der Toskana. Eines davon heißt Upacchi. Es wurde vor 25 Jahren von seinen Bewohnerinnen und Bewohnern verlassen, die anderswo bessere Lebensbedingungen fanden. Nun fördert der Staat den Wiederaufbau, und eine Genossenschaft hat es sich zur Aufgabe gemacht, diesen zu organisieren und voranzutreiben. Einige Häuser sind noch zu haben."
Aha! Unser Interesse war geweckt, und alles weitere, was wir nun gierig zu hören verlangten, gefiel uns immer mehr. „Auf dem Lande zu wohnen, umgeben von kleinen Flußtälern, Wiesen und Wäldern,

Gemüse aus dem eigenen Garten zu essen, mit der Sonne zu heizen, in einem Haus aus Stein und Holz zu wohnen, biologische Landwirtschaft zu betreiben, Abwässer zu reinigen und zu recyclen - das ist wohl der Traum vieler Menschen heute. Aber nicht nur jeder für sich in einem Kleingarten, sondern gemeinsam in einem Dorf! Denn ein ökologisches Dorf ist mehr als die Summe seiner Häuser. Es bietet die Nachbarschaft von gleichgesinnten Menschen in einer intakten Landschaft in Verbindung mit einer gesunden Umwelt, einer stabilen Ökonomie und einer Bauweise nach menschlichem Maß - also einen ganzheitlichen Lebensraum, nicht ein Dorf mit Natur ringsherum, sondern einfach ein natürliches Dorf!"

So hörten wir es von Vira, und so lasen wir es in dem Prospekt, den die Genossenschaft für Interessierte herausgegeben hatte. Es sikkerte in uns ein wie ein Samenkörnlein, das bereit war, aufzugehen. Besonders gefiel uns, daß das Dorf als „centro historico" im alten Stil wieder erbaut werden muß, so daß Neubauten aus Gründen des Landschaftsschutzes nicht erlaubt sind. Alle Grundstücke und Wohneinheiten haben dem ständigen Wohnsitz zu dienen und dürfen nicht als Zweithaus, Ferienwohnung oder zur Vermietung genutzt werden. Die Buntheit der Lebensanschauungen, Philosophien und Religionen, auch der Nationalitäten, soll so wenig wie möglich gestört werden. Es ist lediglich beabsichtigt, daß mindestens 50 % der künftigen Einwohnerinnen und Einwohner die italienische Staatsangehörigkeit besitzen.

Gewaltig fing es an, in uns zu arbeiten, und als Frau Baravelli, unsere freundliche Hauseigentümerin, sich anbot, uns nach Upacchi zu fahren, stimmten wir freudig zu. Am Reisetag machten wir uns früh am Morgen zu viert auf den Weg, denn bis zu unserem Ziel war es ein weiter Weg. Wir fuhren an sanften, bewaldeten Hügeln vorbei, die zu diesem Zeitpunkt, Ende November, in allerschönster Herbstfärbung prangten und Bilder von solch unvergleichlicher Lieblichkeit in uns zeichneten, daß wir diese Reise als eine der schönsten unseres Lebens bis ans Ende unserer Tage nicht vergessen werden.

Dann ging es über den bereits verschneiten Apennin. Horst und ich saßen frierend dicht aneinandergedrängt hinten im Auto und konnten uns doch nicht sattsehen an all der Pracht rings um uns herum. Was erwarteten wir? Diese Frage stellten wir uns unentwegt. Kann man ein solches Unternehmen in unserem Alter überhaupt noch in Erwägung ziehen? Ist es nicht einfach Torheit, auch nur einen Gedanken an ein solches Wagnis zu verschwenden? Doch dann wiederum lockten die uns bekannten Beispiele von alten Menschen, die noch mutig Neues begannen und auch Gewinn daraus schöpften. Ein „Mulchgarten in der Toskana" - das wäre doch sicher eine lohnende Aufgabe - und ein anziehender Buchtitel! Schließlich wollten wir doch schon immer, unser ganzes Leben lang, in eine südlichere, mildere, sonnigere Gegend ziehen. Warum sollten wir es nicht jetzt im Alter noch verwirklichen? So kreisten unsere Gedanken.

Inzwischen hatten wir Anghiari, die letzte menschliche Ansiedlung vor Upacchi, erreicht, eine pittoreske mittelalterliche Stadt, die gleich einem Adlerhorst auf dem Felsen thront. Hier machten wir eine kurze Rast. Gerne hätten wir die alten Gäßchen und Winkel viel ausführlicher durchstöbert, aber wir trösteten uns bei dem Gedanken: Wer weiß, vielleicht wird es ja einmal unsere nächstgelegene Stadt werden, und dann haben wir genug Gelegenheit, sie genau kennenzulernen.

Schließlich wand sich unser kleines Gefährt hinauf auf 500 m Seehöhe, wo wir zuerst das Dorf Upacchi und nach weiteren 25 Höhenmetern das zum Projekt gehörende Poggiolo erreichten. Es regnete, als wir - übermüdet, steifgefroren vor Kälte und bis aufs äußerste gespannt - aus dem Auto krochen. Uns bot sich ein sehr niederdrückendes Bild; was wir sahen, war alles andere als ermutigend: graue Häuserreste unter dem tristen, nassen Novemberhimmel, einige kaum noch Ruinen zu nennen und so verlassen aussehend, daß es kaum vorstellbar war, diesen Ort jemals zu blühendem Leben erwecken zu können. Wir sahen uns an, und unsere Blicke sprachen deutlich: „Das ist wohl nichts für uns!"

Am nächsten Morgen jedoch, als wir unsere Umgebung nach einer erholsamen Nacht unter freundlicherem Himmel wiedersahen, präsentierte sich uns die Welt in einem ganz anderen Licht. Wir mußten uns erst gar nicht gegenseitig verständigen; die Kehrtwendung war deutlich an unseren beiden Gesichtern abzulesen. Es hatte „gefunkt", und der Gedanke, hier für den Rest unseres Lebens unsere Zelte aufzuschlagen, ließ uns fortan nicht mehr los. Natürlich waren wir uns im klaren darüber, daß es einer großen Anstrengung unsererseits bedürfen würde, die wenigen spärlichen Reste eines ehemaligen Hauses in ein einigermaßen gemütliches Heim zu verwandeln. Doch zu stark wirkte das Gefühl in uns: Hier möchtest du leben, hier ist die Luft wie Samt und Seide, und sie zu atmen ist eine Wonne; hier ist der Boden, der dir die gesunde Nahrung geben kann, die du brauchst. Dies ist der Ort, an dem du arbeiten kannst, um einen neuen Mulchgarten zu schaffen, solange noch Kraft und Leben in dir steckt.

Das letzte Haus, Nr. 115 auf dem Dorfplan, guckten wir uns gleich für uns aus. Dort schien die Welt wirklich zu Ende zu sein, nur noch Himmel, Weite, Einsamkeit und unendliche Natur waren zu sehen. Es gefiel uns sehr aufgrund seiner eigenwilligen Architektur, soweit sie noch in Umrissen zu erkennen war, und zudem stand es etwas abseits zu den anderen sehr in sich verschachtelten Behausungen, die für das italienische Dorfbild so typisch sind. Diese etwas größere Distanz schien für uns alte und ruhebedürftige Menschen genau richtig. Wir erfuhren, daß es noch zu haben sei und lebten fortan in dem Glauben, daß es uns eines Tages gehören würde. Der Genossenschaft gegenüber brachten wir unseren Kaufentschluß zum Ausdruck, die Zustimmung aller Genossenschaftsmitglieder stand im April an.

So fuhren wir angefüllt mit den neuen Eindrücken nach Hause. In unseren Köpfen ging es rund. Doch alle Bedenken, Warnungen und Befürchtungen wegen unseres Alters, der fehlenden Sprachkenntnisse und der Schwierigkeiten des Wiederaufbaus von Deutschland aus, denen wir nun ausgesetzt waren und die wir uns selbst immer wieder vor Augen führten, konnten unseren Entschluß nicht mehr ins Wanken bringen. Vor allem reizte uns natürlich die Anlage eines neuen Mulchgartens.

Es kam uns sehr entgegen, daß die Gestaltung des Kulturlandes nach den Kriterien der Permakultur vorgesehen war, die über den biologischen Landbau noch hinausgeht und mittels Nutzpflanzen und Nutztieren stabile Ökosysteme aufbaut. Auch Masanobu Fukuoka, der große Japaner, geht mit seiner „Nichts-tun-Landwirtschaft" in diese Richtung (siehe Anhang). Fukuoka bewirtschaftete im Alter von 76 Jahren noch 6 ha Land mit Reis, Weizen, Zitrusfrüchten und Gemüse ohne den Einsatz von Maschinen, sondern nur mit Hilfe von Techniken, die die Prozesse der Natur nachahmen und unterstützen. Auch das ständige Bedeckthalten des Bodens, das Mulchen, gehört ohne Zweifel zu diesen natürlichen Techniken, die uns die Arbeit erleichtern. Genau dies wollten wir auch in der Toskana wieder praktizieren.

Zwar würde sich dort, an „unserem" Haus oben in Poggiolo, dieses Vorhaben auf keinen Fall verwirklichen lassen, das hatten wir wohl gesehen. Es thronte so hoch oben auf einem Felsen, daß mit größter Mühe der Anbau von ein wenig Gemüse für den täglichen

Bedarf rund ums Haus möglich sein würde. Unten jedoch, in Upacchi, war wundervolles, ebenes Gartenland zu erwerben, das uns auch zugesagt wurde und sich hervorragend für unsere Zwecke eignete. Auch Wassersorgen dürfte es nicht geben, denn die Toskana ist für viel Regen bekannt. Zudem sorgen drei Bäche, eine Quelle und ein Brunnen jederzeit für das unentbehrliche Naß - so stand es im Prospekt.

Da die Entwicklung eines solchen Projektes gewöhnlich eine Beispielwirkung hat und viele Interessierte anzieht, träumten wir bereits von einem vielbesuchten „Schaugarten". An Mulch jedenfalls würde es uns niemals mangeln, da ringsumher nichts als unbebaute Natur ist, die diesen kostenlos zur Verfügung stellt. Selbst an Stroh dürfte es nicht fehlen. Ein paar Streuhöfe, die mit zum Projekt gehören, würden uns sicher das allerbeste Biostroh liefern!

Des Träumens war kein Ende...

Nachdem wir ein zweites Mal im Frühjahr die weite, beschwerliche Reise auf uns genommen hatten und von der Genossenschaft auf Herz und Nieren - und Finanzen - geprüft worden waren, ob wir denn auch geeignet seien, in die Dorfgemeinschaft aufgenommen zu werden, als praktisch alles perfekt schien, kam das „Aus".

Obwohl wir wußten, daß bereits ein Überhang an ausländischen Bewerberinnen und Bewerbern vorhanden war, kam der Beschluß für uns sehr überraschend. Zwei junge Menschen aus Südtirol waren ins Spiel gekommen, die gerade auf „unser" Haus Nr. 115 erpicht waren, und ihnen wurde es zugesprochen. Hier wird sicher auch unser Alter eine Rolle gespielt haben. Zwar ließ man uns noch ein wenig Hoffnung, daß wir bei einem eventuellen Rücktritt der beiden an der Reihe wären, doch wir wußten, daß wir uns von unserem Lieblingsgedanken trennen mußten. Schon in Anbetracht unseres Alters war ein langer Aufschub nicht ratsam.

Nun allerdings waren die Weichen gestellt - wir hatten vom Baume der Erkenntnis gekostet, daß tief in uns ein großes Verlangen und wohl auch noch die Kraft steckte, einen Neuanfang zu wagen. Zunächst jedoch fuhren wir tiefenttäuscht gen Norden, und nach kurzer Zeit erhielten wir durch einen Anruf aus Upacchi das endgültige „Aus".

Nachdem die Wunde etwas verheilt war und wir schon begonnen hatten, uns nach anderen geeigneten Plätzen umzusehen, tröstete uns auch der Gedanke, daß es sich bei dem „Ökodorf" durchaus nicht um ein rein vegetarisches handelte. Wir hatten dies fälschlicherweise angenommen, doch erfuhren wir später, daß Schlachtviehhaltung nicht nur auf den Streuhöfen, sondern auch im Dorf selbst vorgesehen war. Für uns, die wir uns in erster Linie aus ethischen Gründen vegetarisch ernähren, wäre es kein sehr glückliches Dasein gewesen, unser Leben in einer schlachtfestefeiernden Nachbarschaft, noch dazu in enger Gemeinschaft, zu verbringen.

Als ganz besonderes Kuriosum in dieser Sache bleibt noch zu erwähnen, daß wir etwa ein halbes Jahr später, und zwar genau an dem Tag, als wir in Deutschland mit den Besitzern unserer *finca*[1] auf La Palma den Kaufvertrag abgeschlossen hatten, abends einen Anruf aus der Toskana erhielten: Das Haus Nr. 115 sei für uns nun doch frei geworden. Ohne jegliches Bedauern konnten wir sagen: „Danke, aber wir sind nicht mehr daran interessiert!" Dies allerdings ist bereits ein Vorgriff auf spätere Kapitel.

Doch wie auch immer: Ein Stück unserer Sehnsucht ist dort oben in der lieblichsten aller je geschauten Landschaften, dem toskanischen Hügelland, geblieben. Das Fazit aus unserer Toskanaerfahrung läßt sich mit den Worten meines Lieblingsphilosophen Karl Jaspers sagen:

Eine Grundverkehrung philosophischen Denkens ist, durch betrachtende Erkenntnis schon haben zu wollen, was nur durch eigenes äußeres und inneres Handeln wirklich wird.

---

[1] *finca* = Grundstück; Wohnhaus

Auf der Suche

Unsere gute Freundin Jamila, die schon so oft für uns als Schicksalsgöttin fungierte, rief uns eines Tages an und sagte: „Bevor Ihr Euch irgendwo für etwas zum Kauf entscheidet, seht Euch unbedingt erst mein „Traumhäuschen" auf La Palma an".

Da sie unsere Wünsche - wie wir dachten - genau kannte und mit uns in der Toskana gewesen war, um sich das dortige Ökodorf anzuschauen, verließen wir uns auch diesmal auf ihren Ratschlag. Während eines Seminars lernte Horst dann auch noch einen Makler kennen, der ausgerechnet auf La Palma eine kleine *finca* anzubieten hatte, und so bestiegen wir eines schönen Tages die „Condor" nach Santa Cruz de la Palma, dem Flughafen der Insel. Dort erwartete uns Leo, schon damals unser guter Engel auf La Palma, und das ist er bis zum heutigen Tag geblieben. Er fuhr uns nach Puerto Naos, dem bekanntesten Badestrand von La Palma. Da wir damals noch nicht wußten, daß er auch der einzige dieser Art ist, waren wir schlichtweg tief enttäuscht und auch empört über Jamila. „Kennt sie uns denn wirklich so schlecht", fragten wir uns, „daß sie uns ausgerechnet so etwas als Ferienort und eventuelles Domizil für unseren Lebensabend empfiehlt?"

Der von den anderen Kanarischen Inseln und auch von den Inseln im Mittelmeer sattsam bekannte Bauboom, den ich von früheren Besuchen her nur in allzu schlechter Erinnerung hatte, war auch hier ausgebrochen. Man hat also nichts dazugelernt und kopiert fleißig die Fehler der anderen! So schien es uns wenigstens in unserer ersten Enttäuschung - riesige Baulöcher, Bettenburgen, Baggergetöse, Lärm, Dreck und Gestank anstelle von Ruhe, Stille, Natur und frischer Luft. Der Blick fiel auf Dächer und zum Himmel ragende Schornsteine, statt hinaus aufs Meer! Unsere Wohnung lag in einem hellhörigen Hochhaus direkt an der verkehrsreichen Hauptstraße, wo ausgerechnet auch noch eine Auto-Rallye in Gang war und uns pausenlos mit ihrem Gedröhn überschüttete.

Ich hatte nur einen Gedanken: weg, schnellstens wieder weg nach Hause, in unseren vor kaum 12 Stunden verlassenen, friedlichen Garten, der jetzt in voller Blüte steht und der uns von morgens bis abends auf das Angenehmste beschäftigt.

In den folgenden Tagen erholten wir uns etwas von der ersten Enttäuschung, genossen das Schwimmen im wunderbaren Meerwasser und das Sonnen im heißen Lavasand (der Strand war keine zwei Minuten von unserer Wohnung entfernt), und plötzlich sah die Sache schon etwas anders aus! Reisemüdigkeit und Umstellung waren überwunden, und wir erfuhren, daß Orte wie Puerto Naos und andere der wenigen Badestrände der Insel wohl doch ein Novum darstellen. Dagegen gibt es sehr viele, noch völlig unberührte und vom sogenannten Fortschritt unbeleckte Gegenden auf dem Eiland.

Unser Enthusiasmus hatte aber doch einen ziemlichen Dämpfer erfahren. Wir beschlossen, uns erst einmal für einige Monate im nächsten Winter einzumieten, um uns mit den Gegebenheiten der Insel vertraut zu machen. Während Horst sie schon von früheren Besuchen her etwas kannte, war sie für mich völliges Neuland. Wir wollten über einen längeren Zeitraum hinweg ausprobieren, wie uns das Klima behagte, aber vor allen Dingen wollten wir Versuche mit dem Boden anstellen und ihn auf seine Beschaffenheit hinsichtlich seiner Tauglichkeit für unseren neuen Mulchgarten untersuchen.

Nachdem schon bald ein geeigneter Platz, wo sich dies alles verwirklichen ließ, gefunden war, mieteten wir für die Zeit von Oktober 1991 bis Februar 1992 eine Wohnung, denn in dieser Jahreszeit konnten wir unseren Garten in Rolfshagen ohne irgendwelche Sorgen und Schwierigkeiten allein lassen. Auf La Palma sammelten wir Erfahrungen mit gänzlich veränderten Lebensbedingungen. Vor unserer Heimreise wollten wir noch die angebotenen Verkaufsobjekte besichtigen, deretwegen wir ja schließlich hierhergekommen waren. Wieder war es Leo, der uns als hilfreicher Freund zu den einzelnen *fincas* fuhr, die weit verstreut voneinander lagen. Auf diese Weise lernten wir gleich einen großen Teil der Insel kennen. Wir erfuhren, daß es nicht einfach d a s Inselklima gibt, sondern daß jeder Teil, ja fast jeder Ort sein eigenes, ganz spezielles Klima hat, das je nach geographischer Lage, Himmelsrichtung und vor allem Höhe ganz unterschiedlich sein kann.

Leo fragte mich des öfteren, wie mir die Insel gefalle. In helle Begeisterung vermochte ich nicht auszubrechen, wie er es wohl insgeheim erwartet hatte. Zu sehr schwirrte mir die Lieblichkeit der Toskana noch im Kopf herum. Sicher, hier gab es auch sehr viel Schönes zu sehen, doch an die Schroffheit des grauen Felsengesteins, besonders in den überaus zahlreichen Schluchten, den *barrancos*, die immer wieder zu durchfahren waren, mußte ich mich wahrscheinlich erst gewöhnen. Wir hatten uns vorgenommen, auszuprobieren, ob ein vollständiger Umzug hierher das Optimale für uns sei. Das

„Traumhäuschen" von Jamila fanden wir für uns nicht geeignet, und auch andere Objekte waren nicht das Richtige.

So schien es uns bis - ja, bis wir eines Tages nach Tijarafe gelenkt wurden. Am nördlichen Ortsausgang ging es eine holprige Straße hinunter, dann kurz vor dem Ziel wieder eine steile Betonpiste hoch, eingerahmt von einem Farbenmeer, einer Vielzahl der herrlichsten Blumen und Blütenstauden, die auf der linken Seite auf den Weg herunterwucherten. Wir hielten am Ende der Piste vor der „Villa", einem winzigen Gebäude aus Natursteinen, und betraten Casa Quemada 135.

Wir mußten uns erst gar nicht anschauen.

Wir spürten vom dem Augenblick, als wir den Fuß erstmals auf diese Erde setzten ähnlich wie damals in Upacchi: „Hier ist der Ort, wo du leben möchtest." Beide waren wir überzeugt: „Das ist es!"

Zu diesem Zeitpunkt hatten wir noch nichts von dem eigentlichen Wohngebäude gesehen. Es lag so eingebettet in die Landschaft und im Grünen, daß man die Umrisse kaum wahrnehmen konnte. Was wir bis jetzt gesehen hatten, war nur die kleine Gästeunterkunft.

Dann plötzliche Aufregung! Unser Makler und die ihn begleitenden Freunde konnten die Haustür nicht aufbekommen. War hier eingebrochen worden? Alle standen verwirrt um die Tür herum auf der Terasse. Mich berührte das alles kaum; ich fing sofort an, das Terrain zu erkunden.

Oh Schreck! Das Gelände war viel steiler, als wir es uns nach der Beschreibung vorgestellt hatten. Viele Teile des weitverzweigten Gartens waren nur über ganz rohe Steinstufen und schmale Pfade kletternd zu erreichen, was sogleich meine alte, längst vergessene Leidenschaft für das Bergsteigen wieder aufkeimen ließ. In meiner Jugend, in meiner bayerischen Heimat, hatte ich ihrer vor vielen Jahrzehnten auf kargem, nacktem Felsenstein gefrönt. Hier konnte ich dieser Leidenschaft auf üppigsten, überwachsenen und überwucherten Terrain nachgehen. Auf jedem kleinsten Fleckchen, wo das Gestein nur mit wenig Erde bedeckt war, blühte, grünte, fruchtete es, brachte Mutter Natur unter der südlichen Sonne ihre tausendfältigen Geschöpfe hervor. Ganz unten, auf der letzten der vielen aus Steinen errichteten Terrassen, entdeckte ich unter einem riesigen, uralten Mandelbaum so etwas wie einen Gemüsegarten. Doch auch er war wie das gesamte Areal aufgrund der langen Abwesenheit des Besitzers völlig verwildert und überwuchert, der Natur überlassen. Ich stand da wie verzaubert, hatte das Haus, den vermeintlichen Einbruch, die Menschen vergessen, und ein Glücksgefühl durchströmte mich.

„Du brauchst nur Ja zu sagen, und dies alles wird uns gehören!", so schoß es mir durch den Kopf.

Horst rief mich: „Das Haus ist offen!" Doch das alles interessierte mich schon gar nicht mehr so sehr. Der Zauber des Stückchens Erde, das man kaum einen Garten im üblichen Sinne nennen konnte, hatte mich gänzlich in seinen Bann geschlagen. Es fing an, mich kräftig in den Fingern zu jucken. Alles war schon seit einer so langen Zeit verlassen und schrie förmlich nach Wasser! Im Gegensatz zu Rolfshagen, wo jeder Tropfen - jedenfalls das Regenwasser - so kostbar war und mühsam aufgefangen und herbeigeschafft werden mußte, floß es hier in reichlichem Maße. Doch es verrann gänzlich nutzlos, während die Pflanzen schier verdursteten.

Schon hatte ich einen der Wasserschläuche in der Hand, die überall herumlagen, und gab als erstes einem kleinen Aprikosenbäumchen, das es am allernötigsten zu haben schien, zu trinken. Doch schon schrien die Papayas: „Uns auch, uns auch!" Auch die Baumtomaten fingen an zu lechzen und riefen: „Uns auch, uns auch". Von überall her dröhnte es mir in den Ohren! Es war ein Jammern und Stöhnen rings um mich herum nach Naß. Als ich den Hilferufen auf der einen Ebene nachgekommen war, hörte ich auch von der unteren Terrasse, wo die Chayoten[1] am Fels hochkletterten, ein Flehen. Von dort, wo die jungen Mandarinenbäumchen und die Bananenstauden standen, drangen Hilferufe zu mir herauf; Papayas, Avocados, Mispeln[2,] Zitronen, Apfelsinen, Cherimoyas[3] und auch Kapstachelbeeren[4], alle, alle meldeten sich und bettelten um ein lebensspendendes Labsal. Nur die alten Mandelbäume, die in großer Anzahl schattenspendend auf den verschiedenen Terrassen verteilt waren und wohl schon seit ewiger Zeit hier auf der Insel beheimatet sind, standen ebenso wie ein alter, weitverzweigter Feigenbaum am oberen Ende des Grundstücks ruhig und würdevoll da und beteiligten sich nicht an dem allgemeinen Spektakel. Diese Bäume haben wohl in hohem Maße die Fähigkeit, sich über lange Zeit die nötige Feuchtigkeit mit ihren tiefgreifenden Wurzeln aus dem Erdreich, das oft nur aus Felsen zu sein scheint, herauszusaugen.

Als alles einigermaßen versorgt war und ich dann schließlich auch noch das Haus und die verschiedenen Nebengebäude besichtigt hatte, verließen wir das *nido de lechuzas* (sprich: „nido de letschusas", zu deutsch „Eulennnest"), wie ich es sofort getauft hatte, mit dem festen Entschluß: Hier möchten wir - so Gott will - den Rest unseres Lebens verbringen!

Nach einigen Ruhetagen, die wir infolge der Strapazen, Aufregungen und der sich überstürzenden Ereignisse dringend nötig hatten, meldeten sich der Euphorie des ersten Eindrucks folgend auch kritische Stimmen in uns. Wir bedachten sie gründlich und wogen die Vor- und Nachteile, soweit sie uns bekannt waren, gegeneinander ab.

---

[1] Chayoten: eine rankende Pflanze, deren Frucht im Geschmack etwas an Kohlrabi erinnert; jedoch ist sie sehr viel größer und länglicher.
[2] Mispel: Kernobstbaum aus der Familie der Rosengewächse mit birnenförmigen, im überreifen Zustand genießbaren Früchten.
[3] Cherimoya: sehr schmackhafte, kleine Tropenfrucht.
[4] Kapstachelbeere: stachelbeerähnlicher Strauch mit Blüten wie die der Lampionblume, die kleine, im reifen Zustand gelb-orange Beeren umhüllen.

Fragen über Fragen tauchten in uns auf:

Soweit ab vom nächsten Ort?	*(Wie schön, so haben wir Ruhe, keinen Autogestank und keinen Lärm!)*
Die nächste Nachbarschaft ist eine spanische Familie, und wir haben keine Spanischkenntnisse! Wir haben kein Telefon!	*(Wie schön, dann gibt es auch keinen Dorfklatsch und Tratsch!)* g *(Wie schön, endlich Ruhe vor der aufdringlichen und oft störenden Quasselstrippe.)*
Der Bus ist nur auf dem steinigen Fußpfad zu erreichen!	*(Wie schön, so kommen unsere alten Gehwerkzeuge wieder richtig in Schwung!)*
Das unwegsame Gelände auf dem Grundstück verlangt turnerische Fähigkeiten. Wie lange werden wir dies angesichts unseres fortgeschrittenen Alters meistern können?	*(Wie schön, dann kommen wir wenigstens zu unseren täglichen Übungen.)*

Wird uns hier, so wie wir uns in Deutschland nach Sonne sehnen, der Regen fehlen? Daß es auf der Insel einen sehr häufigen Wechsel zwischen heißen, sonnigen Tagen und solchen mit bedecktem Himmel, Kälte und Regen, gibt, konnten wir schon während der kurzen Zeit unseres Hierseins beobachten. Daß uns die Sonne jemals zuviel sein würde, vermochte ich mir nicht vorzustellen - zu sehr hatten wir uns ein Leben lang nach ihr gesehnt. Zudem sind die Nächte kühl und damit sehr erholsam.

 Wir bezweifeln heute sehr, daß wir überhaupt noch alles objektiv überdenken konnten - zu sehr hatte das Herz schon gesprochen.

 Wir fuhren nochmals hinauf und nahmen Bekannte mit, die alles unter die Lupe nehmen und uns beraten sollten. Der weite Weg von Los Llanos, unserer nächstgelegenen Stadt, erschien uns auch beim zweiten Mal kein bißchen näher; unzählige große und kleine *barrancos* mußten durchquert werden. Doch im „Eulennest" angekommen nahm uns der Reiz des Gartens und der gesamten Anlage sofort wieder gefangen. Das Haus machte einen besseren Eindruck als den, den wir in Erinnerung behalten hatten. Zwar war es sehr klein; ein Zimmer mehr hätten wir gerne gehabt, und wir würden uns sehr einschränken müssen. Aber hatten wir das nicht gewollt? Auch Türen und Fenster würden mit der Zeit erneuert werden müssen. Wie in den meisten palmerischen Häusern war es innen sehr dunkel. Von der Einrichtung allerdings würden wir einen großen Teil übernehmen können.

Uschi und Helmut fanden wie immer - kritisch wie sie sind - einige Haare in der Suppe und machten uns auf Mängel aufmerksam. Doch Migu, der selbst einen wundervollen Garten auf der Insel sein eigen nennt - leider sehr weit von uns entfernt - fand die Sache ebenso schnuckelig wie wir. Lediglich wegen der einsamen Lage hatte er einige Bedenken - doch daran dachten wir nicht. Er ist schließlich jung und hat mehr Bedürfnis nach Geselligkeit, während wir beide alt sind und ein bewegtes Leben hinter uns haben, das nach Ruhe verlangt. Außerdem würden sicher alte und neue Freundinnen und Freunde den Weg zu uns finden, dessen waren wir gewiß!

Horsts und meine Blicke trafen sich und sagten ohne Worte: „Hier bleiben wir!"

Abschied

Letzter Maientag in Deutschland. Ein ganz ungewöhnlicher Monat geht zu Ende, einer, wie ich ihn hier noch nie erlebt habe. Er begann mit Kälte, Regen und Stürmen, doch dann setzte eine konstante Oststömung ein, die uns tagtäglich Sonnenschein und Hitze, oft aber auch sehr kalte, heftige Winde bescherte.

Die meisten Leute jubelten: „Ist das nicht ein Wetterchen? So mögen Sie es doch sicher, Frau Schröder, da brauchen Sie doch gar nicht von hier fortzuziehen!"

Leider kann ich beim besten Willen nicht in diesen Lobgesang mit einstimmen. Natürlich begrüße ich das konstante Wetter einerseits sehr für meine Arbeit, und wer sollte sich an der überwältigenden Blütenpracht nicht freuen? Da es in diesem Winter, wie man mir erzählte, keinen starken Frost gegeben hatte, kommt nun bei den Frühjahrsblühern eine Überfülle an Blüten zum Vorschein. Auch die Obstbäume, die ja mehrere Jahre wegen der starken Fröste nichts tragen konnten, scheinen nun alles nachholen zu wollen. An vielen ist schon deutlich der Obstansatz zu erkennen, und es macht mich doch ein wenig traurig, daß ich es nicht mehr sein werde, die die Früchte erntet. Doch gerade dieser Früchteansatz bräuchte Regen, Regen und nochmals Regen statt Sommerhitze, Dürre und kalte Winde. Wieso sehen die Menschen nicht, daß ein solches Wetter für diese Jahreszeit ganz ungewöhnlich ist und nicht mit den Bedürfnissen der Pflanzenwelt übereinstimmt? „Mai kühl und naß, füllt dem Bauern Scheuer und Faß" heißt das Sprichwort.

Nach langem Hin und Her, nach endlosem Warten und Abwägen und vielen Versuchen glaube ich, nun die richtigen Nachfolger für Haus und Garten gefunden zu haben. Eine junge Familie mit sechs Kindern, die soeben aus Uganda zurückgekehrt ist, wo sie für Misereor Entwicklungshilfe geleistet hat, wird in Kürze einziehen. Ich freue mich darüber, daß hier frisches junges Leben einkehren wird und die Kinder in Verbundenheit mit der Natur und dem Garten aufwachsen können.

Für mich aber heißt es nun Abschied nehmen. Wenn ich nicht wüßte, daß dort auf La Palma neue, fesselnde Aufgaben (und ein lieber Mann) auf mich warten - am liebsten würde ich alles rückgängig machen. Mir ist, als riefe es aus allen Winkeln und Ecken des Gartens: „Bleib, bleib - verlaß uns nicht!"

Jeden Morgen in aller Frühe bin ich im Garten, so wie ich es zehn Jahre lang getan habe: hier noch ein wenig schneiden, da rupfen, dort wässern, Dünger geben, streicheln, mit den Pflänzchen reden, Stroh hin- und herpacken. Gepflanzt, gesät und gejätet habe ich sogar noch ein wenig, möchte ich doch meinen Nachfolgern einen Garten hinterlassen, den sie sofort in Arbeit nehmen können.

Sehr erstaunt bin ich doch und hocherfreut, daß sich alles trotz unserer langen Abwesenheit recht passabel präsentiert. Ein besseres Argument für das Mulchen kann es gar nicht geben! Der dichte Strohmulch zeigt seine hervorragende Wirkung, und selbst jetzt, nach vierwöchiger Dürre, ist darunter alles schön feucht. Es juckt mich sehr in den Fingern, endlich mit der Frühjahrsbestellung zu beginnen.

Meine schwarzen Lieblinge, die Amseln, die mir sonst im Frühjahr meinen Garten auf der Suche nach den saftigen Regenwürmern für ihre junge Brut förmlich umzuackern pflegten, haben sich in diesem Jahr merklich zurückgehalten. Wollen sie mich zum Abschied versöhnen, oder hat es sich bei ihnen herumgesprochen, daß an die begehrten „Biowürmer" jetzt so schwer heranzukommen ist? Die vielen aufgebauten Hindernisse wie Drahthauben, Netze etc. haben es ihnen doch schwer gemacht, und sie trösten sich anderweitig. Vielleicht hat der strenge Winter sie aber auch reduziert, was gar nicht so sehr zu bedauern ist, denn in den letzten Jahren haben sie sich stark vermehrt und erheblichen Schaden an den jungen Saaten und Pflanzungen angerichtet. Doch auch von ihnen verabschiede ich mich trotz allem mit Bedauern, denn auf La Palma werde ich sie vermissen. Singvögel sind dort zu meinem großen Leidwesen sehr selten.

Im „Wildteil" des Gartens, wo es während unserer Abwesenheit so üppig gewuchert hat, daß man kaum durchsteigen kann, begegnen mir Blindschleichen - hier ist ein Paradies für allerlei Getier, das sich dort angesiedelt hat. Auf unserer Blumenwiese, die wir letztes Jahr gesät hatten und die unser großes Entzücken war, haben sich die Margeriten durchgesetzt - ein einziges, weißes, wogendes Margeritenmeer. In der Ecke, wo unter Dach allerlei Gartenutensilien, Sand, Lavagranulat und Pflanzenerde lagern, entdecke ich, daß ein Igelchen sich unter umgestülpten Holzkistchen seine Wochenstube eingerichtet hat. Vorsichtshalber hänge ich ein Schild „Bitte nicht stören" an eine Bastmatte und decke alles fürsorglich zu.

Zwischen den Obstbäumen auf der Wiese ist das Gras nun so hoch geschossen, daß ich es gerne schneiden möchte. Doch sind unsere

Sicheln alle schon unterwegs in unser neues Domizil. Ich nehme ein großes Küchenmesser, knie mich auf den Boden und nehme Stück für Stück, Zentimeter für Zentimeter Abschied von meiner „guten Mutter Erde", die mich zehn Jahre lang so trefflich genährt hat.

Ob es uns wohl noch gelingen wird, dort auf der Insel einen auch nur annähernd so hervorragenden Boden zu schaffen, ist sehr ungewiß. Es wird uns jedenfalls sehr viel Mühe, Kraft und Ausdauer abverlangen. Nun denn: Packen wir's an!

Wie verschieden die Menschen doch sind. Manche sind derart auf ihre Sicherheit bedacht, daß sie am liebsten jeden Schritt und Tritt, den sie tun, versichern lassen würden. Für uns beide macht es absolut den Reiz des Lebens aus, gerade auch in unserem hohen Alter noch immer vor neue Aufgaben gestellt zu werden, neue Risiken einzugehen und gezwungen zu werden, sich gänzlich veränderten Lebensbedingungen und Verhältnissen anzupassen. Täglich wollen wir Neues lernen, uns von den alten, eingesessenen Gewohnheiten trennen und nach neuen Wegen suchen - im Vertrauen auf die uns innewohnenden Kräfte und auf die Hilfe Gottes, der uns lenkt und führt.

Wie schön hat es doch Hermann Hesse in seinem Gedicht „Stufen" ausgedrückt:

Wir wollen heiter Raum um Raum durchschreiten,
An keinem wie an einer Heimat hängen.
Der Weltgeist will nicht fesseln uns und engen,
Er will uns Stuf' um Stufe heben, weiten.

Kaum ist man heimisch einem Lebenskreise
Und traulich eingewohnt, so droht Erschlaffen.
Nur wer bereit zu Aufbruch ist und Reise,
Kann lähmender Gewöhnung sich entraffen.

Es wird vielleicht noch uns're Todesstunde
Uns neuen Räumen jung entgegensenden.
Des Lebens Ruf an uns wird niemals enden.
Wohlan denn Mensch! Nimm Abschied und gesunde!

Aus meinem Tagebuch
Über die ersten Tage auf La Palma

24.11.1992

Zum erstenmal erscheint oben am Kopf des Blattes als Wohnort der Name: *Tijarafe* (sprich: Ticharafe). Ich schreibe ihn gleich dreimal hintereinander: Tijarafe - Tijarafe - Tijarafe. Zum einen ist mir die Schreibweise noch sehr ungeläufig und für meine deutsche Zunge ungewohnt, und zudem schleichen sich immer wieder Fehler in die Maschine ein. Aber es ist auch einfach die Freude darüber, daß wir es nun wirklich und wahrhaftig geschafft haben, hier auf der „grünen Insel", wie La Palma auch genannt wird, in der Sonne zu sitzen.

Noch immer klingen uns die Unkenrufe der vergangenen Wochen und Monate in den Ohren: „Ihr ahnt ja gar nicht, was da alles passieren kann, wie man übers Ohr gehauen werden kann, wenn man in einem fremden Land Grund und Boden erwerben will, mit welch rigorosen Methoden ahnungslose und vertrauensselige Menschen betrogen werden. Und Ihr beherrscht noch nicht einmal die Landessprache!" Auch denken wir an die Abschiedsworte wohlmeinender Freundinnen und Freunde, die ganz sicher in wirklicher Besorgnis um uns gesprochen hatten: „Bleibe im Lande und nähre Dich redlich" oder „Wenn dem Esel zu wohl ist, dann geht er aufs Eis und bricht sich ein Bein!" Derartiges ist nicht gerade sehr ermutigend für alte Menschen, die im Begriff stehen, ihr Leben noch einmal von Grund auf umzukrempeln und dabei mit Sicherheit eine Menge Risiken auf sich nehmen. Für etwas Aufmunterndes wären wir dankbar gewesen, da uns ohnehin manchmal Angst vor der eigenen Courage kam. Doch: „Warum sollte man sich dort nicht auch redlich ernähren können?" fragte ich mich. „Hatten wir nicht wirklich alle Vorsicht walten lassen, die möglich ist, so daß nun eigentlich nichts mehr passieren konnte?"

Ein Beinbruch aber ist nicht so ganz abwegig! Zwar nicht gerade auf dem Eis, denn die Kanarischen Inseln sind dafür bekannt, daß es hier kaum gefriert. Gerade das war einer der Gründe, warum es uns so mächtig in diese Ecke der Welt gezogen hat. Wenn ich allein an die holprigen, steinigen, steilen und bei Regen schlüpfrigen Pfade denke, die wir schon auf unserem eigenen Grundstück hinunter in den Garten täglich etliche Male zu bewältigen haben! Ganz zu schweigen von dem wilden Gebirgssteig hinauf nach Tijarafe, unserem Einkaufs-, Post-, Telefon-, Gemeinde-, Polizei-, Arzt-, Apotheken- und Taxizentrum - und nicht zu vergessen: unserer Bushaltestelle. Auch zwei Banken befinden sich dort sowie ein Friseur, eine Eisenwarenhandlung und natürlich mehrere Bars und ein Restaurant. Wenn wir dort erst einmal angelangt sind, können wir uns mit allem Nötigen versorgen.

Aber was würden unsere Freundinnen und Freunde sagen, wenn sie uns bei diesen, in der Regenzeit wirklich manchmal halsbrecherischen Touren beobachten könnten? Bliebe vielleicht nur die Unzurechnungsfähigkeitserklärung!

25.11.1992

Zwei Tage haben wir hinter uns so voller Ereignisse, daß ich wirklich nicht weiß, womit ich in meinem Tagebuch anfangen soll. Am ersten Tag habe ich mit allen mir zur Verfügung stehenden Mitteln schwer zu kämpfen gegen die Nachwirkungen der Reise, der Hektik der letzten Tage zuhause, der Zeit- und Klimaverschiebung, und am liebsten würde ich wieder „nach Hause" fahren, alles ungeschehen machen.

Dann aber wird mir plötzlich bewußt, daß d i e s   h i e r in Zukunft m e i n   Z u h a u s e zu sein hat!

Vielleicht hatten all die warnenden Stimmen mit ihren Pauschalweisheiten wie „Einen alten Baum soll man nicht verpflanzen" und anderen ja doch recht. Allerdings habe ich in meiner langjährigen gärtnerischen Tätigkeit erlebt, daß sich auch ältere Bäume sehr wohl verpflanzen lassen, vorausgesetzt es geschieht mit der nötigen Sorgfalt, und daß diese, wenn sie an einem für sie günstigeren Platz zu stehen kamen, ihre Kraft und Vitalität dann erst richtig neu entfalteten. Aber auch diese positiven Gedanken helfen mir nicht. Ich lasse den Kopf hängen fast bis auf den kalten Steinfußboden hinunter, bis - ja, bis plötzlich ein Sonnenstrahl durch den auch hier manchmal grauen Novemberhimmel blitzt und die Tropfen des vergangenen Regens wie Millionen Diamanten erglänzen.

All die wundersamen tropischen Blüten haben sich im Nu von der Dürre des Sommers erholt und scheinen nur zu meiner Freude und Ermunterung zu blühen, das Meer unten grüßt so frischgewaschen herauf - wer kann da noch lange Trübsal blasen? Mein Stimmungsbarometer steigt augenblicklich, und ich weiß mich nicht zu fassen vor Glückseligkeit, daß es mir vergönnt ist, dies alles noch auf meine alten Tage zu erleben.

26.11.1992

Die Hektik der ersten Tage liegt schon so weit hinter uns und wird von all dem Neuen hier vollkommen verdrängt. Es ist einfach überwältigend, welche Vielfalt an Eindrücken auf uns einstürzt, sowohl positive als auch negative. Zunächst einmal muß ich feststellen, daß meine Hände an der Schreibmaschine blau angelaufen sind und meine Füße auf dem Steinfußboden zu Eisklumpen erstarren. Das hatte ich mir wirklich nicht so vorgestellt! Aber ich muß es mir eingestehen: Es ist wirklich lausig kalt in meinem kleinen Zimmerchen.

Haben wir vielleicht die ganze Strapaze auf uns genommen, um hier noch mehr zu frieren als im „kalten Deutschland"? Dort wäre ich längst in den Keller gelaufen, um die Heizung anzustellen! Doch hier gibt es weder Keller noch Heizung, nur ein winziges kleines Öfchen im „Wohnzimmer", das in Zukunft aber mehr oder weniger Horsts Raum sein wird. Es gibt nur zwei Zimmer, eine Küche und ein Bad, und das ist auch gut so, denn das Leben spielt sich das ganze Jahr über doch mehr oder weniger draußen ab - mit Ausnahme der ganz schlimmen Regentage. Und derer gibt es nur ganz wenige, wie uns immer wieder versichert wird.

Ich stelle fest, daß das „Kanonenrohr", wie ich das kleine Feuerstellchen seines Aussehens wegen gleich getauft hatte, noch nicht einmal angeschlossen ist. Also muß ich erst einmal ausprobieren, wie das wohl zu bewerkstelligen sei. Da Horst sich irgendwo im weitläufigen und unübersichtlichen Gelände verkrümelt hat, ist Selbsthilfe gefragt. Schließlich ist es vollbracht: Das Feuerchen ist mit List und Tücke angefacht, der dichte Rauch, der im Nu die ganze Behausung einnebelte, hat sich verzogen, und das Zimmerchen ist in erstaunlich kurzer Zeit angenehm temperiert. Nun allerdings muß ich mich erst einmal in das Badezimmer begeben, denn das „Kanonenrohr" besteht lediglich aus einer Röhre, die oben durch drei abnehmbare Ringe zu bedienen ist, so daß ich an Händen, Ärmeln und wo sonst nicht überall gründlich rußgeschwärzt bin.

Schön eingeheizt hat der Ofen mir aber, das muß man ihm lassen!

27.11.1992
Die Sintflut bricht über uns herein! Wasser kommt durch alle Türen, Fenster, Decken und Ritzen, das Licht ist weg, Sturm, Blitz, Donnerwetter - ist das der Weltuntergang?

Schon in der Nacht hörte ich ein kontinuierliches „tropf - tropf - tropf" an den Fenstern, freute mich, daß die am Vortag in die Erde gebrachten Gemüsesamen nun nicht mehr von Menschenhand gegossen werden mußten und schlief - ich ahnungsloser Engel - friedlich weiter bis zum Morgen, bis Horst sich mit Kerzenlicht in der Hand zu mir durchgetastet hatte und berichtete, er habe sein morgendliches Duschbad schon im Bett genommen!

Da war ich natürlich sofort hellwach, und es fiel mir auf, daß das einschläfernde „tropf - tropf - tropf" der Nacht in ein nicht mehr zu überhörendes „klatsch - klatsch - klatsch" übergegangen war, das nun äußerst aggressiv in mein aufgeschrecktes Gemüt drang. Als ich mich von dem ersten Schrecken erholt und von meinem Bett hochgerappelt hatte, sah ich, daß auch bei mir im Zimmer schon Wasser durch alle Ritzen gedrungen war. Auf dem Fußboden standen Pfützen, und besonders mein provisorischer Schreibtisch am Fenster hatte jede Menge abbekommen. Schnell rückten wir den Tisch in die Mitte des Zimmers und versuchten, die Fensterläden zu schließen, um die eindringenden Wassermassen zumindest etwas zu bremsen. Doch der Sturm machte dies einfach unmöglich und riß mir die Läden immer wieder aus der Hand. Es nützte nichts, wir mußten hinaus in die tobenden Elemente, wo es uns dann - durchgeweicht bis auf die Haut - schließlich gelang, die Fensterläden zu befestigen.

So verbrachten wir den vierten Tag auf der Insel: im dunklen Haus, bei Kerzenschein, der aufgrund der anhaltenden Wolkenbrüche immer wieder erlosch. Wir versuchten, wenigstens unser „Kanonenrohr" in Gang und bei Laune zu halten, da es inzwischen auch empfindlich kalt geworden war. Der Ofen rauchte, qualmte und spuckte ganz fürchterlich, da wir es völlig versäumt hatten, uns mit trockenem Brennmaterial zu versehen. Sobald man oben die Ringe öffnete, um etwas Holz nachzufüllen, trieb der Sturm die Flamme heraus, so daß wir Angst hatten, unser neuerworbenes Besitztum in Brand zu stecken.

Am liebsten hätten wir das getan, was die Palmeros - wie man uns erzählt hatte - bei solchem Wetter machen: sich ins Bett legen und warten, bis der ganze Spuck beendet ist. Doch auch dort fühlten wir uns keineswegs sicher, zumal Horst schon in der Nacht seinen Teil abbekommen hatte, und außerdem war diese Sache auch viel zu neu und aufregend für uns, als daß wir uns etwas davon entgehenlassen wollten.

Gegen Abend kämpften sich Uschi und Helmut durch den unentwegt weiterprasselnden Regen zu uns herauf. Obwohl sie selbst nach längerer Abwesenheit mit Wasserschäden zu tun hatten, wollten sie schauen, wie wir als blutige Neulinge auf der Insel mit all diesen Gegebenheiten, die da im wahrsten Sinne des Wortes auf uns einstürzten, zurechtkamen. Darüber waren wir natürlich ganz gerührt und hocherfreut. Helmut meinte in der ihm eigenen trockenen Art: „Wie schön, daß wir auf der grünen, der wasserreichsten der Kanarischen Inseln leben - nur, muß denn das ganze Wasser eines Jahres unbedingt immer auf einmal kommen?"

Zwar hatten wir von der immensen Wucht und zuweilen auch Dauer der Regenfälle schon gehört, aber daß es uns gleich am Anfang unseres Aufenthaltes derart ereilen mußte, hätten wir uns nun doch nicht auszumalen gewagt. Schließlich hatten wir ohnehin genug zu tun, mit all dem Neuen und Ungewohnten fertigzuwerden. Doch sei es, wie es sei - wir müssen und wollen da durch.

Am nächsten Morgen wagten wir uns nach einer weiteren nassen und stromlosen Nacht zaghaft ans Licht des Tages, um uns davon zu überzeugen, daß wir noch nicht gänzlich weggeschwommen waren und daß die Welt noch bestand. Auf unserer Terrasse bot sich unseren staunenden Augen ein schier unbeschreibbares Bild: Alles erstrahlte in einem faszinierenden, unvergleichlich schönen Licht - wie die Welt am ersten Schöpfungstage! Es war ein Morgen, wie wir ihn nach dem Inferno der letzten Tage nicht mehr für möglich gehalten hätten. Schon in der Nacht meinte ich, eine Veränderung in der Atmosphäre zu bemerken, und zwischendurch hatte ich auch vereinzelte Sterne blitzen sehen. Nun schienen sich alle Himmel zu öffnen. Das Meer lag smaragdfarben zu unseren Füßen, das Firmament von reinem Azur, und die Erde, aus allen Poren triefend, schien reingewaschen und so unschuldig, als hätte es dieses gewaltige Toben der Naturgewalten nie gegeben. Die wunderbaren tropischen Pflanzen in allen erdenklichen Farben, die von der Wucht der niedergegangenen Wassermassen zum Boden gedrückt waren, versuchten, sich zu strecken und sich aufzurichten, und begannen, ihren betörenden Duft auszuströmen. Wir standen und schauten - und schauten.

Ich stieg zu dem, wie ich meine, schönsten Trockenplatz der Welt hinauf, und vor mir breitete sich die faszinierende Schönheit dieses Fleckchens Erde aus: im Westen der Blick über die Höhen und Tiefen des *barrancos* mit seinem urwüchsigen Baumbestand, durchsetzt mit einigen Palmen und einzelnen herausragenden Kiefern; dazwischen als weiße, kleine Farbtupferchen in diesem grünen Teppich die kleinen *fincas* mit ihren roten und grauen Dächern. Unmittelbar unter mir das kleine, landwirtschaftliche Gehöft von Nachbarin Gliseria mit Hühnern, Ziegen, Entenställungen und den dazugehörigen Scheunen und Gerätschaften; über mir im Osten der Hang, in den unser Häuschen eingebettet liegt, der sich bis hinauf nach Tijarafe zieht - die ersten Häuser sind gerade noch so zu erkennen - und der sich dann emporschwingt zu den dahinterliegenden, mit Kiefern bedeckten Bergen. Im Süden schließlich streift mein Blick nur noch ein einzelnes kleines Gehöft, das von Palmen umgeben ganz malerisch in die Landschaft eingebettet ist - mit dem typischen abgewalmten Dach sicher ein altes, palmerisches Anwesen -, und dann nur noch Meer, Himmel, Weite.

28.11.1992
Bevor ich mich an meinen Schreibtisch setzte, wollte ich mir noch rasch ein leckeres Frühstück einverleiben, doch oh weh! Als ich die Tür zu unserem Vorratsschrank öffnete, was mußte ich sehen? Von den betörenden Düften angelockt hatte sich über Nacht ein ganzes Heer klitzekleiner Ameisen auf den Weg gemacht, hatte die richtigen Ritzen durch die Fenster oder sonstwo gefunden und wanderte nun entschlossen auf all die Köstlichkeiten zu, die wir vorsorglich angesammelt hatten. Vor allem natürlich auf die Flasche mit Honig, die wir bei Gärtner Bosch erworben hatten und der offensichtlich nicht nur uns so unvergleichlich mundete. Alles war eine einzige, schwarze, wimmelnde Masse. Auch die schon etwas überreifen Bananen hatten es ihnen angetan. Ein paar Brötchen, die daneben lagen, Avocados, die auch schon ihren reifen Duft verströmten - alles hatte Anklang gefunden.

In meiner ersten, hellen Aufregung verfrachtete ich alles Genießbare mitsamt aller lebenden Anhängsel in einen großen Karton und brachte ihn auf die Terrasse, wo ich behutsam versuchte, die Dinge voneinander zu trennen. Alles was für den Kühlschrank geeignet war, brachte ich erst einmal dorthin in der Hoffnung, daß diese Winzlinge dorthinein keinen Zugang finden würden. Dies stellte sich gottlob als richtig heraus, so daß wir immerhin einen absolut sicheren Ort vor diesen „Plagegeistern" gefunden hatten. (Später lernten wir, auf vielerlei Art mit ihnen zurechtkommen, ja, unsere Einstellung zu diesen nützlichen Tieren wandelte sich derart, daß ich sie heute kaum noch als „Plagegeister" bezeichnen würde.)

Plötzlich tauchte die Erinnerung auf an die Zeit, als meine Tochter in Indonesien lebte. „Ameisen erschweren uns das Leben hier viel mehr als die wilden Tiere, Giftschlangen, Skorpione etc., vor denen alle Leute solche Angst haben. Vor diesen aber kann man sich in der Regel viel leichter schützen als vor den kleinen Plagegeistern." Ich erinnerte mich deutlich, bei ihr gesehen zu haben, daß die Füße ihrer Vorratsschränke in mit Wasser gefüllten Blechdosen standen. Selbst ihre Betten waren auf diese Weise geschützt, um einen ungestörten Schlaf zu garantieren. Genau dies bewerkstelligte ich nun mit meinen Vorräten und glaubte, das Problem auf diese Weise wenigstens fürs erste gelöst zu haben, damit ich mich endlich an meinen gegenwärtigen Schreibplatz in der Küche begeben konnte.

Doch was war das? Ein schwarzer Strich, der sich beständig hin - und herbewegte, aus dem Irgenwoher kommend und eilig nach dem Irgendwohin strebend, und zwar in beiden Richtungen. Eine Generalinvasion!

Ich versuchte, ihren Ursprung zu ergründen, und konnte ihre Straße bis zum Bücherschrank in Horsts Zimmer zurückverfolgen, wo sie - immer ganz an der Wand entlang - die Türschwelle überqueren und dann in der Küche am Kühlschrank hochliefen. Von da ging es im Laufschritt weiter, die Arbeitsplatte neben dem Herd entlang (aus einem unerfindlichen Grunde kletterten sie einen kleinen Mixbecher hoch, statt ihn zu umrunden), von wo aus sie sich dann verloren.

„Na schön", dachte ich, „wenn ihr denn meine Essensvorräte verschont, dann geht eure Straße eben durch mein Reich. Sicher haben die ersten Vorboten der kommenden Regenzeit - die Wolkenbrüche der letzten Tage - euch von eurem Stammplatz vertrieben. Nun sucht ihr armen Vertriebenen eine neue Heimstatt. Warum sollten wir sie euch - wenigstens vorübergehend - nicht gewähren?"

Mittlerweile war der Tag weit fortgeschritten. Da ich mir noch rasch etwas zu Essen bereiten wollte, öffnete ich die Backröhre. Und da sah' ich es! Ich brauchte nicht mehr zu rätseln, wohin die kleinen Heerscharen so emsig strebten: Die Backröhre war ihr Ziel! Dort stand eine von unseren Vorgängern vergessene Bratpfanne mit reichlich Fettresten darin, die wohl ausgereicht hätten, um Millionen hungriger Ameisen auf ihrer Wanderschaft zu stärken.

Wohlan denn! Ich überließ Backröhre, Bratpfanne und Ameisenvolk ihrer augenblicklichen Bestimmung, begnügte mich mit ein paar Mandeln aus unserem großen Vorrat und zwei Äpfeln und legte

mich erschöpft nach all den neuerlichen Ereignissen zur Ruhe. Dikke Wolkenbänke schoben sich schon wieder vom Meer herauf, die bedrohlich wirkten und nichts Gutes verhießen. Heißt es nicht, daß Tiere ein sicheres Gespür dafür hätten, wenn Witterungsveränderungen und Naturkatastrophen bevorstehen und daß ihnen ihr Instinkt befiehlt, es sei nun an der Zeit, zu flüchten?
Wohin aber sollten w i r flüchten?

29.11.1992
Entgegen meinen Befürchtungen nach der gestrigen Abendstimmung begann der Tag sehr freundlich. Frohgemut machte ich mich daran, eine meiner vielen Erlebnisse zu Papier zu bringen, bevor sie durch neue, noch aufregendere in Vergessenheit geraten würden. Zuvor noch hatte ich die alte, schon etwas mitgenommene Waschmaschine, die zum Hausinventar gehörte, in Gang gesetzt. Trotz einiger Bedenken war es mir ohne weiteres gelungen, sie in Betrieb zu nehmen. Bald darauf ratterten Waschmaschine und meine kleine „Tippa" um die Wette. Zuweilen wunderte ich mich zwar über die rumpelnden Geräusche, die aus dem Badezimmer zu mir herüberdrangen, doch ich führte sie auf die Beschädigungen zurück, die sie nach Angaben des früheren Besitzers beim Transport von Deutschland her erlitten hatte und kümmerte mich nicht weiter darum. Auch daß sich der Deckel der Maschine nicht so leicht schließen ließ, wie ich das von meiner Maschine her gewohnt war, hatte mir beim Einfüllen keinerlei Sorgen gemacht, so sehr wollte ich mich nun endlich auf meine Berichte konzentrieren.

Als die Waschmaschine nach einer Weile zum Stillstand kam, freute ich mich bereits darauf, zum ersten Mal die landesübliche Trockenvorrichtung auf dem Dach des Hauses zu benutzen, von der aus man einen wunderbaren Rundblick genießen konnte. Im Geiste schon sah ich unsere Wäsche da oben so fröhlich im frischen Seewind flattern, wie das auf allen palmerischen Häusern zu sehen war.

Ich öffnete den oberen Deckel der Maschine - doch, oh weh! Weiter hinein in das Innenleben gelangte ich nicht: Die mit Wäsche gefüllte Trommel stand auf dem Kopf, die Öffnung zeigte nach unten, und die Trommel rührte sich keinen Millimeter von der Stelle. Das rappelnde Geräusch war nichts anderes gewesen als der Deckel, der sich offensichtlich gleich zu Anfang gelöst hatte und nun die Trommel so blockierte, daß sie sich nicht mehr bewegen ließ.

Ich war völlig ratlos. Auch Horst, den ich zu Hilfe geholt hatte, wußte nichts anderes vorzuschlagen, als die ganze Maschine in ihre Bestandteile zu zerlegen, um so an die Wäsche zu gelangen. Wollten wir nicht schon immer so eine Waschmaschinentrommel haben, um im Winter unsere Gemüsevorräte in der Erde einzulagern und sie so vor Mäusen, Ratten und ähnlichen „Mitessern" zu schützen? Die Schwierigkeit war nur, wie wir diese Unmenge von Schrauben lösen könnten, da wir doch noch keinerlei geeignetes Werkzeug zur Verfügung hatten. Das schwamm noch - zusammen mit meiner eigenen Waschmaschine - auf dem großen Ozean und war wohl frühestens in 2 - 3 Wochen zu erwarten. So lange aber konnte meine Wäsche wohl nicht in der Trommel liegenbleiben. Daß dieses Malheur auch bedeutete, daß ich die Wäsche eine ganze Weile mit der Hand würde waschen müssen, wurde mir erst nach und nach bewußt. Aber wollten wir hier nicht das „einfache Leben" haben?

Horst machte sich mit wahrer Engelsgeduld ans Werk, mit den unzulänglichsten Mitteln die Schrauben zu lösen, und nach mehrstündigen Bemühungen konnten wir wirklich an die nasse Wäsche gelangen, die ich nun auf das Dach des Hauses schleppte. Mittlerweile waren dunkle Regenwolken heraufgezogen. Doch ich überwand meine Bedenken und hing meine Wäsche schnell in den bereits heftigen Wind, um danach meinem armen, völlig erschöpften Mann und mir das redlich verdiente Abendbrot zu bereiten.

Kaum waren wir fertig damit, als wir auch schon Wind und Regen an die Fenster klatschen hörten. Oh je, die Wäsche! Im Geiste sah ich sie schon am nächsten Morgen in alle Winde zerstreut und zerfetzt in der Gegend herumfliegen. Da half alles nichts, wir mußten los, um sie zu bergen - ein abenteuerliches Unterfangen angesichts der bereits angebrochenen Dunkelheit! Über die uns noch nicht vertrauten Treppen, Stufen und Steigungen gelangten wir langsam und vorsichtig, aneinandergeklammert und uns gegenseitig stützend schließlich nach langer Zitterpartie auf das Dach und kehrten schließlich klitschnaß, aber ohne Beinbruch mit der nun noch nasseren Wäsche ins Haus zurück.

Bald darauf teilte Horst sein Zimmer mit den Ameisen, mit Chica, der hübschen buntgefleckten Wildkatze, die zum Hause gehört und die sich vor dem Regen an das traulich bullernde Kanonenrohr geflüchtet hatte, sowie mit der nassen Wäsche, die wir quer durchs Zimmer auf eilends aufgespannten Schnüren aufgehängt hatten.

Und wieder geht ein schöner Tag zu Ende...

30.11.1992

Es ist wider Erwarten trocken, und der Himmel sieht nicht allzu drohend aus. Da unsere Eßvorräte zu Ende gehen, wollen wir es wagen und unseren gewohnten Höhenweg hinauf nach Tijarafe nehmen, um uns für eventuell noch kommende Regentage neu einzudecken. Der Einkaufsweg ist jedesmal ein schönes Erlebnis - eine kleine Gebirgswanderung mit herrlicher Rundumsicht.

Der Einkauf ist rasch getätigt. Mit Hilfe der Zeichensprache und des kleinen Wörterbuches geht es von Tag zu Tag besser. Den Heimweg wollen wir über die „Piste" nehmen, den asphaltierten Zuweg zu unserem „Eulennest". Der Bergsteig ist uns mit den prallgefüllten Rucksäcken doch zu unsicher. Es geht rascher, und wir hegen die leise Hoffnung, es könnte uns vielleicht jemand auflesen und mit unserer Last im Auto mitnehmen. Das passierte nicht - wie gut! Die Piste ist noch nicht so stark frequentiert und die Luft daher auch noch so rein und sauber, wie wir uns das wünschen. Und außerdem ist es bei uns himmlisch ruhig.

Bald sind wir auch da - eine kleine Wegbiegung noch und schon sehen wir das Weiß unseres Hauses durch die blühenden Oleanderbüsche hindurchschimmern. Da - direkt an meiner Wegseite sticht mir ein ausnehmend prächtiger Mandelbaum in die Augen, der über und über mit den schönsten, größten und verlockensten Früchten, die ich je gesehen habe, behangen ist. Es wäre doch eine Sünde, daran einfach so vorüberzugehen, sage ich mir, noch dazu, als ich bei einer Stichprobe feststellte, daß sich die Mandeln ungewöhnlich leicht aus der äußeren Hülle entfernen ließen. Bei unseren eigenen hatte uns dies mitunter ziemliche Schwierigkeiten bereitet.

Horst war schon ein kleines Stück voraus und drehte sich kurz nach mir um, um zu sehen, wo ich wohl blieb. Er bemerkte so etwas wie: „Wir wollten doch keine mehr haben!" Da stand ich in meiner Sammelleidenschaft schon so bis über beide Ohren vertieft, daß er einsah: „Es ist völlig zwecklos, sie da wieder herauslotsen zu wollen." Und schon war er ebenso begeistert beim Pflücken wie ich.

Erst als wir mit allerbestem Willen nicht mehr das Geringste in die ohnehin schon gefüllten Rucksäcke, Hosentaschen und Tüten unterbringen konnten, schwankten wir vollbeladen die letzten, steilen Höhen zu unserer *finca* hinauf.

Natürlich mußten die Schätze auch gleich aus der Hülle entfernt werden. Bei der ersten Kostprobe dieser so ganz besonders gut geratenen Kerne verzog sich mein Gesicht ungläubig. Eine zweite und dritte jedoch brachte uns bald die Gewißheit: Es waren Bittermandeln! Darum also stand dieser prächtige Baum noch gänzlich unberührt da so dicht an der Straße! (Später lernten wir, daß dies auch bei Süßmandeln auf der Insel absolut keine Seltenheit ist. Die Insel ist so voll davon, daß kein Mensch alle einsammeln kann. Vieles wird überhaupt nicht geerntet. Siehe auch S. 150.)

Nachdem meine erste Enttäuschung überwunden und einem homerischen Gelächter über meine eigene Dummheit Platz gemacht hatte, beschloß ich, mein begonnenes Werk mit dem Auspellen fortzusetzen. Ich arbeitete mich durch den Berg Mandeln, um sie unseren zahlreichen Freundinnen, Freunden und Vewandten in Deutschland mitzubringen. Alle sollten nun neben unseren eigenen süßen Kernen auch ein paar bittere als Dreingabe erhalten. So, wie es ja auch immer im Leben geht, wo neben den süßen Dingen auch stets ein paar bittere zu schlucken sind!

1.12.1992

Da die Regenzeit ja nun offensichtlich mit aller Vehemenz eingesetzt hatte, wurde es höchste Zeit für uns, noch einige Samen für das Wintergemüse in den Boden zu bringen, möchten wir doch so bald wie möglich einen Großteil unseres eigenen Bedarfes aus unserer Scholle decken. Die Wege zum nächsten Geschäft sind weit und zur Regenzeit ohne Auto sicher manchmal gänzlich unpassierbar. Außerdem ist biologischer Gartenbau hier erst in ganz bescheidenen Anfängen zu erkennen, und wir legen doch allergrößten Wert darauf, solche Ware zu erhalten.

Damit wir nicht allzuviel Lehr- und Schadensgeld auf dem unbekannten Gebiet des hiesigen Gartenbaus zu zahlen haben, machten wir uns an diesem Morgen auf zum Gärtner Bosch. Von diesem erfahrenen biologischen Gärtner und Philosophen wollten wir uns Rat und Hilfe erbitten und Augen und Ohren dort in seinem Reich spazierenführen. Schon bei unserem ersten Aufenthalt auf der Insel hatten wir dem Garten und seinem Erbauer einen Besuch abgestattet und waren baß erstaunt, was da ein Einzelgänger mit seiner Hände Arbeit (und mit Hilfe des Allmächtigen, wie er uns daraufhin angesprochen gleich versicherte) buchstäblich aus dem Boden gestampft hatte. Vergleiche mit Heinz Ervens *Paradiesgarten* drängten sich auf, obwohl die örtlichen Gegebenheiten für tatsächliche Vergleiche (z.B. die wesentlich kürzere Vegetationsperiode in Deutschland) zu unterschiedlich sind. Immerhin: In beiden Fällen wird vorgeführt, was ein einzelner Mensch zu leisten vermag, wenn die Liebe zur Natur, ein hoher Sachverstand und das Vertrauen in die eigenen Kräfte vorhanden sind - und das bis ins hohe Alter hinein.

Ungefähr zwei Jahre alt war der Garten zur Zeit unseres ersten Besuchs gewesen. Wir konnten kaum glauben, was da in der kurzen Zwischenzeit alles so prächtig herangewachsen war: Bananenbäume, die 3 - 4 m hoch waren, Aprikosen, Papayas, Avocados, Mangos, Zitrusfrüchte und, und, und...

„Ihr Buch habe ich gelesen", so empfing uns Gärtner Bosch an der Pforte. „Doch gleich muß ich Sie widerlegen, wenn Sie schreiben, daß Flächenkompostierung die Gartenarbeit erleichtert. Für mich ist es sehr viel einfacher, den anfallenden Kompost auf einen Haufen zu werfen, als mit jedem Eimer Abfall durch mein weitläufiges Gelände zu stiefeln, um es auf die Flächen zu verteilen." Der Schalk saß ihm dabei - wie fast immer - in den Augenwinkeln. Als er mein etwas enttäuschtes Gesicht sah, denn ich hatte mir doch gerade von ihm etwas Lob über meine Arbeit erwartet, fügte er hinzu: „Ich bewunderte ja Ihren Optimismus, doch womit wollen Sie denn hier Ihre Mulch-total-Methode praktizieren?"

Natürlich muß mir niemand erklären, daß die Verhältnisse hier grundlegend anders sind als bei uns in Deutschland. Insbesondere auf einem so großen Nutzgartengelände muß ganz anders gearbeitet werden als in den kleinen Hausgärten, für die meine damaligen Ratschläge in erster Linie gedacht waren. (Die Frage nach dem Mulchmaterial machte mir zu diesem Zeitpunkt übrigens noch gar kein Kopfzerbrechen. Heute, nach beinahe einem Jahr praktischer und mühseliger Gartenarbeit auf der Insel, denke ich freilich ganz anders darüber. Damals sah ich nach den ersten ergiebigen Regengüssen des Herbstes überall das üppige Grün hervorsprießen, ganz zu schweigen von den Blumenmassen, so daß ich mir kaum vorstellen konnte, daß es an Decken für Beete und Bäume mangeln könnte. Auch hatte ich noch keine Ahnung, wie dick diese Decken zu sein hatten, um der enormen Sonneneinstrahlung und Trockenheit standzuhalten.)

„Wenn der Mensch nicht mehr lebensfähig ist, wird er eben von der Erde verschwinden. Genauso wie unzählige Lebewesen vor ihm auch", sagte Gärtner Bosch ganz gelassen. Er erzählte, er sei immer bestrebt, sich aus verschiedenen Teilen der Welt Obstsorten schikken zu lassen, um sie hier einzubürgern, und zwar aus solchen Ländern, in denen ähnliche klimatische Bedingungen herrschen wie hier und die deshalb Aussicht haben, heimisch zu werden, z.B. aus Israel. „Doch selbst in solchen, noch sehr begünstigten und von Industrie und anderen schädlichen Einflüssen noch relativ unberührten Gegenden der Welt nehmen zusehends Pflanzenkrankheiten, Schädlinge, Mehltau u.ä. überhand, und man könnte wirklich den Mut verlieren, irgendetwas noch retten zu wollen. Doch ich sehe nun einmal meine Aufgabe darin, nach solchen überlebensfähigen Sorten zu suchen, um den Menschen doch noch eine Chance zu geben", so sagte er. „Und bei mir redet er von Idealismus", schoß es mir durch den Kopf, „dabei ist er selbst der größte Optimist, der mir je begegnet ist!"

Als Abschluß des Besuches, der uns sehr beeindruckte und von dem wir viele Anregungen und gute Ratschläge mitnehmen konnten, führte er uns noch an sein großes Wasserbecken. Auf seinen Lockruf hin kamen einige Karpfen geschwommen, die sich ganz zutraulich von ihm streicheln ließen. Ich traute meinen Augen nicht, war gleichzeitig enttäuscht und verwirrt und wagte zu fragen: „Ich glaubte, Sie seien Vegetarier?" Da lachte er und sagte: „Ja natürlich, zum Essen sind die auch keineswegs bestimmt. Das sind meine guten Freunde und Helfer, die mir Auskunft über die Wasserqualität geben!"

Danke, lieber Karl Bosch, für alles, was wir von Ihnen gelernt haben. Es wird uns das Einleben gewiß sehr erleichtern.

2.12.1992
Zum Abschluß unseres diesjährigen Aufenthaltes auf La Palma wollten wir uns noch ein paar Tage Urlaub am Strand gönnen. Dann hieß es wieder: Zurück nach Deutschland, wo noch die Umzugsformalitäten und der Verkauf des Hauses mit meinem Mulchgarten anstanden.

Wir mieteten uns eine kleine Ferienwohnung in Puerto Naos. Trotz des tropischen Badelebens ging es zumindest zu dieser Zeit am Strand immer noch relativ ruhig her, und zu meiner großen Freude fanden wir auch noch ein ungestörtes Plätzchen.

Ich stellte mir vor, wie es wohl sein mochte, wenn all die riesigen Hotels, Ferienwohnungen und Pensionen einmal vollbelegt sind? Dann müssen die Badegäste wohl auch am Strand übereinandergebettet liegen!

Auf diesen „Urlaub im Urlaub" hatte ich mich riesig gefreut, bin ich doch ein ausgesprochener Freiluft-, Wasser- und Schwimmfan. Nach der Anzahl der eingepackten Badehöschen von Horst und dem ausgesprochen schicken Strandzubehör hatte ich selbstverständlich angenommen, er würde diese Leidenschaft mit mir teilen. Warum sonst hätte er sich wohl - unter anderem - für seinen künftigen Aufenthalt eine Insel mitten im Atlantischen Ozean ausgesucht? Für mich jedenfalls war dies ein Hauptanziehungspunkt gewesen.

Doch am Wasser stellte ich bald fest, daß wir uns in diesem Punkt nicht ganz einig waren. Zwar hatte auch ich zunächst meine Schwierigkeiten mit dem schwarzen Lavasand, doch daran gewöhnte ich mich schnell, und Horst kannte ihn schon von anderen Aufenthalten auf diesen Inseln. Das Ufer war mit kleinen und großen Steinen übersät, und man mußte sich mühsam einen Weg zum Wasser hin bahnen. Kam dann eine Flutwelle, mußte man sich sehr in acht nehmen, daß man nicht davon mitgezogen wurde. Durch den Sog verlor man leicht den Boden unter den Füßen und landete dann unsanft auf den Steinen. Doch bei meiner Wasserbegeisterung fand ich bald eine Möglichkeit, dieses kleine Handicap zu meistern: Ich guckte den einheimischen Kindern zu, die sich die günstigsten Stellen aussuchten, eine Welle abziehen ließen und sich dann blitzschnell in die entstandene Lücke in die Brandung warfen. Hatte man diese Hürde genommen, konnte man wunderbar im herrlich klaren, ruhigen Wasser schwimmen und sich dann, wenn man genug hatte, wieder an Land tragen lassen.

Doch ich konnte schwärmen, soviel ich wollte, ich fand bei Horst keine Gegenliebe. Er hatte sich gleich beim ersten Mal zu weit hineinbegeben und sich einige Schrammen geholt, und es hatte größter Anstrengungen bedurft, wieder heil an Land zu kommen. Er war zum Schwimmen nicht mehr zu bewegen. Bald fing er an, sich zu langweilen, während ich jede Minute genoß und mit größter Begeisterung den ganzen Tag geblieben wäre. Der heiße Lavasand tat meinen rheumatischen Gliedern so unendlich wohl, daß ich am liebsten unser *nido de lechuzas* für eine Wohnung in Puerto Naos eingetauscht hätte.

Jedoch führte mich mein guter Kamerad an meiner Seite aus meinen Träumen bald wieder in die Realität zurück, indem er in immer kürzeren Abständen auf die Uhr blickte und schließlich bemerkte, daß es ja wohl bald Zeit für das Mittagessen sei. Ich dagegen hätte mich an diesem Tag gerne mit einer Kleinigkeit an den diversen Bars am Strand begnügt.

Nun denn: Ein paar Tage genossen wir unseren Urlaub meist getrennt, gingen den jeweiligen unterschiedlichen Bedürfnissen nach, bis es dann in das kalte, neblige Norddeutschland zurückging.

Bis zum Rand waren wir angefüllt mit neuen Eindrücken und dem unbändigen Drang, das bisherige Leben hinter uns zu lassen.

La Palma hatte uns endgültig für sich gewonnen.

Unsere Insel

Ein Beitrag von Horst Lange

Unsere Insel zeigt ungefähr die Form eines menschlichen Herzens. Von der Spitze im Süden wird sie nach Norden zu immer breiter bis zu einer West-Ost-Entfernung von 28 km; danach verschmälert sie sich wieder - die eigentliche Nordküste ist nur etwa 15 km breit. Von Nord nach Süd beträgt die größte Entfernung 45 km. Die gesamte Küste ist 155 km lang, 128 km davon sind Steilküste. Als Strand mit Sand oder Kies bleiben nur 8 km. Darüber sind wir aber gar nicht traurig, weil viel Strand entsprechend viel Tourismus anzieht.

Man nimmt heute an, daß der Meeresboden unter den jetzigen Kanarischen Inseln vor der afrikanischen Küste durch tektonische Schubkräfte zerbrach. Die entstandenen Bruchstücke wurden unterschiedlich hochgehoben und bildeten die Sockel, auf denen die Inseln dann durch vulkanische Prozesse aufgebaut wurden. Fast jede kanarische Insel besitzt im Meer einen eigenen Sockel. Der Sockel von La Palma endet rund 4000 m unter dem Meeresspiegel. Darauf ist ein riesiges, über 6000 m hohes Gebirge entstanden, von welchem stellenweise noch über 2000 m als Insel aus dem Meer herausragen; 95 % der gesamten Gebirgsmasse liegen unterhalb des Meerespiegels, nur 5 % liegen als Insel darüber.

Die Nordhälfte der Insel La Palma wird durch eine ringförmige Bergkette beherrscht, die mit dem *Roque des los Muchachos* ihre größte Höhe von 2426 m erreicht. Innerhalb dieser Bergkette liegt ein tiefer Kessel, die *Caldera de Taburiente*, in den die Berge in bis zu 1000 m hohen Felswänden nahezu senkrecht abstürzen. Dieser Bergring ist nach Südwesten in Richtung Los Llanos offen, wo sich die *Caldera* in den *Barranco de Angustias* entwässert.

Eine Zeitlang wurde die *Caldera* für einen eingestürzten Krater gehalten. Aber wo gibt es einen so großen Krater, der wie die *Caldera* 5 km breit und 10 km lang ist? Man muß wohl annehmen, daß sich über der *Caldera* ursprünglich die Kuppel des Gebirges befand. Leicht erodierbare Gesteinsschichten in der Tiefe wurden dann mit der Zeit durch Wasser ausgespült, so daß die oberen Gesteinsschichten nachstürzten. Nach außen fallen die Berge um die *Caldera* zum Meer bzw. zur Steilküste hin zum Teil allmählich, zum Teil ziemlich steil ab. In die Hänge haben sich zahlreiche steilwändige Schluchten (*barrancos*) tief eingegraben, die für den Verkehr ein beträchtliches Hindernis darstellen. Um den kostspieligen Brückenbau zu vermeiden, führen manche Straßen seitlich so weit in den *barranco* hinein, bis nur noch eine kleine Brücke oder gar keine mehr erforderlich wird.

Die Südhälfte von La Palma besitzt eine Bergkette, die an den Bergen um die *Caldera* beginnt und nach Süden bis zur Südspitze verläuft, die *Cumbre Nueva* und die *Cumbre Vieja*. In der *Cumbre Vieja* reihen sich 120 Krater und Vulkankegel aneinander, von denen noch sieben in den letzten fünf Jahrhunderten Lavaströme bis zum Meer hinunterschickten. Auch in diesem Jahrhundert gab es in den Jahren 1949 und 1971 noch zwei Vulkanausbrüche.

Unser Wetter entsteht aus drei verschiedenen Großwetterlagen. Vorherrschend sind die Passatwinde, die das Wetter im Sommer überwiegend und im Winter zur Hälfte bestimmen. Sie kommen aus dem Nordosten und haben über dem Meer viel Wasserdampf aufgenommen. Durch die hohen Gebirge, die über die ganze Insel im wesentlichen von Norden nach Süden verlaufen, werden die Nordostwinde zum Aufsteigen gezwungen, und der Wasserdampf kondensiert in einer Höhe von 600 bis 950 m zu Wolken. Die Ostseite von La Palma hat daher sehr viel mehr Regen als die Westseite. Bei unseren Fahrten vom Flughafen nach Tijarafe haben wir dies schon wiederholt beobachten können. Am Flughafen, der an der Ostseite liegt, fuhren wir bei Sonnenschein ab, und je weiter sich die Straße zur *Cumbre Nueva* hochwindet, um so grauer wird der Himmel, bis die Sonne ganz verschwindet. Bei Nebelnässe und Regen schließlich fuhren wir in den Tunnel ein, und nach 1 km Fahrt verließen wir den Tunnel westlich des Bergkamms in eine von strahlender Sonne beherrschte Landschaft.

Wenn die Passatwolken bestimmte Baumarten, z.B. Lorbeerbäume und Kanarische Kiefern, berühren, kommt es zu dem sogenannten Horizontalregen. Bei diesem Regen ist es umgekehrt, als wir es gewöhnt sind: Unter den Bäumen ist es naß und unter freiem Himmel trocken. Auf diese Weise erhalten die Waldgebiete wesentlich mehr Niederschläge als beim üblichen Winterregen (siehe S. 142).

Das zweite Großwettersystem, der Westwindgürtel, bringt nur von Oktober bis März in sehr unregelmäßigen Abständen atlantische Regenfronten vom Meer. In der gegenwärtigen Regenzeit 1992/93 sind diese Regenfälle weitgehend ausgeblieben. Selten kommt es vor, daß solche Tiefausläufer, ehe sie die Insel berühren, nach Süden ausweichen, sich dort erwärmen und viel Feuchtigkeit aufnehmen. Von Südwesten her treffen sie dann auf die Insel und bringen heftige unwetterartige Niederschläge. Ein solches Unwetter erlebten wir hier Ende November 1991: Es regnete, nein es schüttete den ganzen Tag, so daß wir nicht aus dem Haus gehen konnten. Unaufhörlich gab es Gewitter, und in Tijarafe fehlte am nächsten Tag an einer Stelle die halbe Autostraße bis zum weißen Mittelstreifen - sie war in den *barranco* gespült worden! Seltener wird das hiesige Wetter von Saharaluft-Einbrüchen bestimmt. In solchen Zeiten kann es passieren, daß wochenlang kein Tropfen Regen fällt. Da La Palma jedoch außer der kleineren Insel Hierro die westlichste Insel der Kanaren ist, wirkt sich die Sahara-Luft hier milder aus als auf den übrigen Inseln.

Der Wald nimmt rund 41 % der Oberfläche von La Palma ein, das ist doppelt so viel wie auf Teneriffa. Fast drei Viertel des Waldes sind Kiefernwald. Die Kanarische Kiefer besitzt eine sehr dicke Rinde und bis zu 30 cm lange Nadeln. Durch den Horizontalregen bekommt die Kiefer sehr viel mehr Regenwasser, als sie selbst braucht. Dieses Wasser kommt dann der übrigen Vegetation bzw. dem Boden zugute; allerdings versauert der Boden unter den Kiefern sehr. Der Kiefernwald kann sowohl die Trockenheit oberhalb der Passatwolkenschicht (1500 m) als auch starke Temperaturgegensätze sehr gut vertragen. Er ist ein echter Pionierwald und kann als erste Waldformation junge Lavaflüsse, die noch keinen Boden entwickelt haben, besiedeln. Man findet ihn daher im ganzen jungvulkanischen Süden der Insel, in Höhen oberhalb 1500 m sowie am trockenen Westabhang der Insel.

Aus wirtschaftlichen Gründen hat man auch große Flächen des ehemaligen Lorbeerwaldes damit aufgeforstet. Da der Lorbeerwald viel mehr Feuchtigkeit benötigt als der Kiefernwald, findet man ihn auf der regenreichen Ostseite der Gebirgskämme, besonders in den tiefen Schluchten des Nordostens. Am oberen Rand geht der Lorbeerwald über in den *Fayal-Brezal*, der vorwiegend aus Baumheide und Stechpalme besteht.

Die Ureinwohner La Palmas kamen aus Nordafrika und sind berberischer Abstammung. Das verraten sprachliche Spuren in den Orts- und Landschaftsbezeichnungen sowie viele Felsgravierungen. Die mit Abstand früheste Datierung an einer der zahlreichen Fundstätten wurde für die Höhlensiedlung im *Barranco San Juan* mit 240 v. Chr angegeben; alle anderen Datierungen liegen später. Dieses recht junge Einwanderungsdatum ist angesichts der einfachen Wirtschaftsstruktur der Urpalmeros auffallend. Sie kannten keinerlei Getreide, sondern erzeugten Mehl aus Farnwurzeln. Sie kleideten sich in Felle und benutzten ganz primitive Steinwerkzeuge, die sie gerade so gebrauchten, wie der Stein zersprang, ohne ihn weiter zu bearbeiten. Das gab es sonst seit der Altsteinzeit nicht mehr. Andererseits benutzten sie Keramikgefäße, die späteren Kulturen entsprechen. Aus diesen Widersprüchen hat ein spanischer Prähistoriker geschlossen, daß die eingewanderten Urpalmeros dort, wo sie herkamen, die Steinbearbeitung nicht mehr kannten und sich in ihrer Abgeschiedenheit mit dem behalfen, was sie vorfanden.

Über eine einzigartige palmerische Sitte berichten alte Quellen: Wer alt, krank und hinfällig war, sagte zu seinen Verwandten *„vacaguare"* (ich will sterben). Dann wurde dieser Mensch in einer Höhle auf Felle gebettet und mit einem letzten Krug Milch eingemauert.

Seit dem 15. Jahrhundert unternehmen neben Portugiesen und anderen auch Spanier Raubüberfälle auf La Palma, wobei es nur darum ging, Menschen für den Sklavenhandel und Vieh zu erbeuten. 1492 bekam de Lugo von den spanischen Königen das Recht zur Eroberung der Insel La Palma zugesprochen. Ihm wurde die volle Verwaltungs- und Justizgewalt übertragen. Außerdem wurde eine hohe Prämie ausgesetzt, falls die Eroberung innerhalb eines Jahres abgeschlossen sein würde. Bei der Eroberung der Insel soll eine Palmera namens Francisca kollaboriert haben. Sie soll im Auftrag einer prokolonialen Fraktion ihrer Landsleute den Anschluß La Palmas an die spanische Krone angeregt haben, der zunächst durch die freiwillige Taufe von fünf der zwölf Gaufürsten der Insel vollzogen wurde. So war de Lugos Invasion 1492 nur noch die faktische Durchsetzung des schon vollzogenen diplomatischen Aktes. Seine Truppen waren eher von der Widrigkeit des Geländes als von den Kampfhandlungen erschöpft.

Zu den widerspenstigen Fürsten gehörte Fürst Tanausú, der die *Caldera de Taburiente* verteidigte und bereits zwei Angriffe abgewiesen hatte. Um die Jahresfrist für die angesetzte Prämie einzuhalten, griff de Lugo zur Wortbruchdiplomatie: Er versprach Tanausú einen ehrenvollen Frieden sowie freies Geleit, ließ dann aber den vertrauensvoll erschienenen Fürsten und seine kleine Eskorte überfallen und gefangennehmen. So kam es zu einer fast kampflosen Unterwerfung La Palmas. Schierigkeiten brachte die damalige Völkerrechtsauffassung, wonach zum christlichen Glauben übergetretene Eingeborene als Untertanen des Königs nicht als Sklaven verkauft werden durften. Ein Aufstand von 300 Palmeros oder vielleicht auch nur die Erfindung eines solchen in Briefen an den König mußte dafür herhalten, den Raub und Verkauf von 1200 Männern, Frauen und Kindern sowie von 20000 Stück Vieh zu rechtfertigen.

Durch die Überfälle und den Menschenraub war die Zahl der Ureinwohner natürlich stark zurückgegangen, so daß man später sogar afrikanische Sklaven als Arbeitskräfte nach La Palma holen mußte. Ein Italiener, der im Jahre 1541 über La Palma nach Amerika reiste, berichtet, daß er einen Ureinwohner von La Palma kennenlernen wollte, um dessen Sprache zu hören, aber nur noch einen einzigen auftreiben konnte. Da dieser aber als Nachfahre eines Fürsten eine königliche Pension bezog, die er vorwiegend in Wein umsetzte, war er für den Italiener nicht mehr ansprechbar.

De Lugo verband alle Landzuteilungen, die er sofort nach der Eroberung vergab, mit der ausdrücklichen Auflage, Zuckerrohr anzupflanzen und bei ausreichendem Wasservorkommen auch eine Zuckerrohrverarbeitungsanlage zu bauen. Mitte des 16. Jahrhunderts überschritt die Zuckerproduktion ihren Höhepunkt, weil man zur Gewinnung des Holzes für die Eindickung des Rohsaftes die Wälder immer höher hinauf abholzen mußte, wodurch der Holztransport immer teurer wurde. Da Zucker aus der Karibik und aus Brasilien nun billiger wurde, konnte der palmerische Zucker auf dem Weltmarkt nicht mehr konkurrieren. Trotz des Exportwegfalls arbeiteten die Zuckermühlen von Tazacore und Argual für den lokalen Bedarf noch bis zum Anfang des 19. Jahrhunderts. Als spezialisierter Zweig entwickelten sich Erzeugung und Handel mit palmerischen Süßigkeiten auf Mandelbasis, die nach 1800 den Zuckerexport überflügelten.

Nach dem Zusammenbruch der Zuckerkonjunktur wurde der Weinbau mehr als zwei Jahrhunderte lang tragender Wirtschaftszweig der Kanaren. Der spanischen Krone war sehr daran gelegen, die Interessen des Mutterlandes gegenüber den Kanaren als Kolonien zu wahren. Die Kanaren sollten zwar lebensfähig bleiben, das einträgliche Monopol des Mutterlandes für den Westindienhandel jedoch unter keinen Umständen wesentlich beeinträchtigen. Daher kam es laufend zu Erschwerungen des kanarischen Weinhandels. Die Unabhängigkeit der USA und die napoleonischen Kriege brachten dem kanarischen Weinhandel dann zu Anfang des 19. Jahrhunderts eine letzte kurze Blüte. 1858 legte der Faulschimmel und 1878 der Mehltau die Weinproduktion bis auf einen Beitrag zur Selbstversorgung endgültig lahm.

Der Zusammenbruch des Weinhandels war für La Palma nicht so vernichtend wie für die anderen Inseln, da man sich schon früh dem Anbau und der Verarbeitung eines anderen hochwertigen Agrarproduktes zugewandt hatte, der Seide. Obwohl die Anpflanzung von Maulbeerbäumen auf Teneriffa und La Palma etwa gleichzeitig zu Anfang des 16. Jahrhunderts begonnen wurde, war die Seidenproduktion der kleineren Insel etwa dreimal so hoch wie die Teneriffas. In der Blütezeit der Seidenproduktion arbeiteten auf La Palma etwa 3000, auf Teneriffa dagegen nur 1000 Webstühle. Die Seidenindustrie auf La Palma führte sogar noch Rohseide aus Teneriffa ein. Maßgebend für den Erfolg La Palmas waren nicht nur die gleichmäßige und feine Verspinnung, sondern auch die Kunst des Färbens mit natürlichen Farbstoffen und deren Fixierung.

Etwa zur Mitte des 19. Jahrhunderts begann der Aufschwung der Cochenillezucht. Diese Schildlaus liefert einen roten Farbstoff, der zu hohen Preisen gehandelt werden konnte. Da sie auf Opuntienkakteen, die auf den Kanarischen Inseln längst überall als Viehfutter genutzt wurden, lebt, konnte die Cochenillezucht überall rasch aufgenommen werden. Opuntien waren auf den sonst ackerbaulich kaum nutzbaren Böden weit verbreitet, so daß zum ersten Mal auch kleine Pächter drittklassigen Ackerlandes an diesem erstklassigen Exportartikel mitverdienen und in der Folge auch eigenes Land kaufen konnten. Der Cochenilleboom brachte einen Anstieg der Geburtenrate und der Bevölkerungszahl mit sich, denn dieser Wirtschaftszweig war arbeitsintensiv und erforderte auch die Mitarbeit von Frauen und Kindern. Von 1857 bis 1887 nahm die Bevölkerung La Palmas um 26 % zu. Aber noch im 19. Jahrhundert brach die Cochenillezucht durch die Konkurrenz der Anilinfarben wieder völlig zusammen. Die Ausschau nach anderen Agrarprodukten als Ersatz führte zu Experimenten, die allesamt zum Scheitern verurteilt waren, und die Arbeitslosigkeit trieb viele Menschen in die Emigration nach Amerika.

Die Eroberung durch Spanien brachte den Kanarischen Inseln eine wirtschaftliche Prosperität, die jedoch nur den Grundbesitzern zugute kam, also den Adligen und Kaufmannsfamilien, die zumeist in den Städten wohnten. Die arbeitende Bevölkerung dagegen lebte immer noch primitiv auf dem Lande und blieb arm. Für die Landpächter wurde die Pacht nach der Grundfläche, also nicht nach dem

Ertrag, festgesetzt, so daß bei schlechter Ernte nicht selten ein Drittel an Pacht gezahlt werden mußte. Oft wurde auch nach dem System der Halbpacht gearbeitet: Der Halbpächter mußte jeweils die Hälfte der anfallenden Erträge an den Verpächter abgeben. Außerdem mußte er das Vieh seines Verpächters ohne jede Vergütung in seinem Anbaugelände dulden und oft sogar mitbetreuen. Nach diesem System vergaben auch die Gemeinden und Kirchen ihre beträchtlichen Ländereien in kleinsten Parzellen an Pächter, die davon kaum leben konnten. Durch die Armut der Pächter und das Desinteresse der in den Städten lebenden Verpächter unterblieben alle Strukturverbesserungsmaßnahmen. Ein Missionar, der alle kanarischen Inseln Mitte des 18. Jahrhunderts besuchte, illustrierte die Armut, der „schlecht ernährten und schlecht gekleideten" Palmeros mit der Beobachtung, daß in vielen Familien aus Mangel an Kleidung Männer und Frauen jeweils abwechselnd zur Kirche gehen mußten.

Ende des 19. Jahrhunderts führten zwei englische Gesellschaften den Bananenanbau auf den Kanarischen Inseln ein, der im 20. Jahrhundert zur tragenden Säule der kanarischen Wirtschaft wurde. Die Küstenregion wird inzwischen bis zu einer Höhe von etwa 300 m von der Bananen-Monokultur beherrscht, die allerdings eine gigantische Fehlinvestition war: Die Gestehungskosten für 1 kg kanarische Bananen betragen heute etwa 90 Peseten, während der Verkaufspreis der größeren und auf den internationalen Märkten beliebteren tropischen Bananen im Mittel nur ca. 60 Pesten beträgt - die kanarische Zwergbanane ist also überhaupt nicht mehr konkurrenzfähig. Der Export von kanarischen Bananen, der 1952 noch 54 % betrug, ging rasch zurück. Im Jahre 1962 wurden noch 38 % und 1972 noch 4 % exportiert. Daher erließ Franco 1972 ein noch heute gültiges Gesetz, wonach die Einfuhr ausländischer Bananen nach Spanien verboten wurde. Seither nimmt das Mutterland ca. 85 % der kanarischen Produktion ab; die übrigen Bananen werden auf den Kanarischen Inseln selbst verbraucht.

Unsere Insel produziert 1/3 der Bananen der Kanarischen Inseln. Hier wurden im August 1989 wöchentlich 1,5 Millionen kg Bananen auf den Müll geworfen. 1992 konnten wir hier im Hochsommer erleben, daß die Regierung Bananen als Ziegenfutter verschenkte. Auch unsere spanische Nachbarin ließ sich mehrere Lastwagen voll bringen, die sie als Winterfutter für die Ziegen auf das Flachdach ihres Hauses zum Trocknen legte.

Auf La Palma hat man über 100 km Wasserkanäle gebaut, aus denen über 60 % des Wassers versickern. Wegen dieses hohen Wasserverlustes auf dem Transport rechnet man hier mit einem Verbrauch von 1000 l Wasser pro kg Bananen, während der durchschnittliche Wasserverbrauch auf den Kanarischen Inseln etwa 400 l pro kg Bananen beträgt. Für den Versuch, die Banane - eine Frucht des tropischen Regenwaldes - im großen Umfang anzubauen, mußten die Kanarischen Inseln einen hohen Preis bezahlen: die völlige Erschöpfung ihrer in Jahrmillionen angesammelten Grundwasservorräte. Durch küstennahe Brunnen gelangt nun bereits salzhaltiges Meerwasser in die Plantagen, was zusammen mit der Überdüngung zur Unbrauchbarkeit der Böden führte. Hier „hilft" wiederum die chemische Industrie, nachdem sie zuvor die Überdüngung veranlaßt hat. Sie bietet ein Erzeugnis an, das die im Wasser befindlichen Salze in eine wasserunlösliche Verbindung überführt. Und wo bleibt diese? In Grund und Boden. Dazu gibt die kanarische Regierung eine Subvention von 250000 Peseten pro Bananenplantage, was allein für La Palma über 2 Milliarden Peseten erfordert. Die Abgabe von Pestiziden an die Bauern hat die Regierung bis zu 50 % subventioniert.

Das Verbot Spaniens, keine ausländischen Bananen mehr ins Land zu lassen, stellt nach EG-Recht eine Subvention des kanarischen Bananenanbaus dar. Deshalb verlangt die EG-Kommission, daß dieses Verbot bis zum 31.12.1995 aufgehoben wird. Damit wird der Bananenanbau hier wohl zu Ende gehen. Wie ein Mensch, der öfter seinen Beruf wechseln muß, wird sich die kanarische Landwirtschaft wieder einmal umstellen müssen: nach der Eroberung durch Spanien zuerst zum Zucker, dann zum Wein, zur Seidenraupenzucht, zur Cochenillezucht, zum Bananenanbau, zu - ja, wozu nun?

Kulturen wie Mangos, Papayas, Zitrusfrüchte und Avocados würden mit einem Viertel des Wasserverbrauchs auskommen, der für den Bananenanbau erforderlich ist, und der Eigenbedarf an Gemüse und Obst wird auf La Palma nur zu etwa 10 Prozent gedeckt. Viele Mandeln in dem Hauptanbaugebiet zwischen Tijarafe und Garafia beispielsweise werden nicht mehr geerntet, weil man lieber die „bessere" kalifornische Mandel importiert. Wenn wir hier wandern und Hunger bekommen, finden wir bestimmt in der Nähe einen nicht abgeernteten Mandelbaum, und Steine als Nußknacker liegen überall reichlich herum. Was läge näher, als die Landwirtschaft mehr auf den Eigenbedarf an Obst und Gemüse umzustellen? Bereits 1966 hat das Max-Planck-Institut in einer Studie gefordert, den Bananenanbau zugunsten einer weitgehenden Lebensmittel-Selbstversorgung La Palmas zu verringern. Doch wegen der Unmöglichkeit, bei den Verantwortlichen für die Agrarpolitik etwas zu bewegen, hat das Institut seine Außenstelle auf Teneriffa wieder geschlossen.

Eine Ausnahme bilden heute die unter deutscher, schweizerischer und holländischer Regie geführten Bio-*fincas*. Hier haben wir erfahren, wo wir Bananen, Apfelsinen und Avocados aus Bio-Anbau kaufen können. Eine Quelle für Bio-Gemüse suchen wir noch, denn unser eigener Anbau bringt erst ganz allmählich Erfolge. Wir sind ja im Gartenbau wieder Lehrlinge geworden, denn hier ist alles anders: Boden, Klima, Schädlinge, Saat- und Erntezeiten, zudem gibt es wenig Mulch, keinen Regen und daher nur künstliche Bewässerung.

Es gäbe noch vieles aus La Palma zu berichten. Aber ich wollte ja kein Handbuch für Besucherinnen und Besucher schreiben, sondern nur den Hintergrund unseres La-Palma-Abenteuers etwas aufhellen. Mein Bericht ist zu Ende. Und nun wieder rasch in den Garten!

(Literaturtip: Adam Reifenberger , La Palma Handbuch, Conrad Stein Verlag, 1990.)

Geschichten aus dem Garten

Comfrey

Ein ganz großer Vorteil dieser Insel ist die Tatsache, daß es hier kein gefährliches oder giftiges Getier gibt, und zwar weder Großwild noch Schlangen, Skorpione, Moskitos usw. Man kann sich überall ungeniert und gefahrlos bewegen und aufhalten, wenn man nicht gerade in einen Kaktus fällt. Kakteen sind auf der Insel ja überall anzutreffen, und an ihren Stacheln kann man sich doch ganz schön verletzen. Die haarfeinen Stacheln an den Früchten dagegen pieksen zwar gehörig, doch sonst sind sie relativ harmlos.

Heute morgen allerdings war ich wohl - wie das meine Art ist - allzu sorglos gewesen. Als ich meinen Pfirsichbaum auf der Terrasse beschnitt, spürte ich plötzlich einen scharfen, stechenden Schmerz auf meinem rechten Handrücken. Bis ich ausmachen konnte, wer oder was wohl der Übeltäter sein könnte, war nichts mehr zu sehen. Nur diese Stelle auf meiner Hand schmerzte höllisch und fing sofort an, dick anzuschwellen. Was tun?

Glücklicherweise erinnerte ich mich sogleich an meine gestrige Entdeckung in meinem kleinen Gärtlein: Die aus Deutschland mitgebrachte Comfreywurzel hatte schon ausgeschlagen, und die ersten Blättchen sprießten kräftig hervor. Sofort rannte ich dorthin, pflückte ein paar Blätter ab, zerrieb sie zwischen den Fingern und legte sie auf die inzwischen stark gerötete und dick geschwollene Stichstelle. Augenblicklich spürte ich eine Erleichterung. Ich legte ein Tuch darüber und fühlte mich sicher vor Vergiftungs- und Entzündungsgefahr. Ich wurde nicht enttäuscht! Am Abend war die Geschwulst schon deutlich zurückgegangen und der Schmerz abgeklungen - wie durch Zauberhand verschwunden. Comfrey ist einfach eine Wunderdroge! Gerade hier ist diese Pflanze für uns unentbehrlich, weil aufgrund der noch fehlenden Werkzeuge fast täglich kleine und auch mal größere Verletzungen bei der Arbeit in Haus und Garten vorkommen.

Comfrey *(Symphytum peregrinum)* - vielleicht bekannter unter dem Namen Beinwell - ist eine seit altersher verwendete Heilpflanze, die jetzt wieder in vielen Gärten Einzug hält. Ich pflanze sie seit Jahren an; sie hat sich zu ungeahnter Größe und Mächtigkeit entwickelt, und ich kann in Notfällen immer auf sie zurückgreifen. Nun wagte sie sogar die weite Reise auf die Kanarischen Inseln mit mir und hat - wie es scheint - hier auch schon gut Fuß gefaßt.

Was kann man alles mit dieser „Wunderpflanze" machen? Ihren heilsamen Effekt zur Wundheilung und bei Insektenstichen habe ich ja bereits erwähnt. Auch essen kann man davon, z.B. ergeben die Blätter mit Banane gemixt einen guten Morgentrunk (Comfrey enthält sehr viel Eiweiß). Zudem kann man, besonders aus Wurzelauszügen, einen Tee zubereiten.

Die üppig sich ausbreitenden und bis zu 1,50 m hoch wachsenden Pflanzen können zwei- bis dreimal im Jahr gemäht und als Mulchmaterial verwendet werden, das wegen seines außerordentlichen Stickstoff- und Kaliumgehalts günstig auf alle Pflanzen wirkt, ganz besonders natürlich auf starke Zehrer wie Kartoffeln, Tomaten, Sellerie und Erdbeeren. Ich merke schon, daß ich förmlich ins Schwärmen komme, wenn ich an all die guten Dinge denke, die das Kraut mir gegenüber bereits geleistet hat!

Doch damit ist noch lange nicht aufgezählt, was Beinwell noch alles in sich hat. Es kann zu Brühen und Jauchen angesetzt werden, besonders in Verbindung mit Brennesseln, man legt es z.B. bei Kartoffeln, die ja anfangs einen besonderen Zuschußbedarf haben, in die Pflanzgruben, oder man reiht die großen Blätter, aber auch die Wurzeln, an Schnüren auf und trocknet sie für den Winter. Die Wurzeln sind im Herbst vor dem Einziehen der Blätter am gehaltvollsten. Noch mehr über die Verwendungsmöglichkeiten steht in dem sehr aufschlußreichen kleinen Büchlein der Abtei Fulda *Comfrey - Was ist das?* (siehe Anhang). Dort findet man alles Wissenswerte, und ich kann nur immer wieder sagen: Ein Versuch lohnt sich allemal!

Temperaturen

Wo bleibt mein Vorsatz, täglich auf der Schreibmaschine die wichtigsten Ereignisse festzuhalten, damit sie nicht ganz aus dem Gedächtnis verschwinden und vielleicht später im Buch Verwendung finden können? Eine Woche ist schon wieder vergangen, ohne daß ich auch nur eine einzige Zeile geschrieben habe. Aber wer kann schon im Zimmer sitzen, wenn draußen der herrlichste Sonnenschein lockt und unser Garten ein einziges Blütenmeer aus Mandel-, Aprikosen-, Pfirsich- und neuerdings auch Zitrusbäumen darstellt? Und wenn tausend dringende Arbeiten auf unsere Hände warten? Mein alter Wunschtraum, als Tausendhänderin wiedergeboren zu werden (nicht als Tausendfüßler, meine zwei Füße reichen eigentlich immer aus, aber Hände habe ich nie genug), um all die Arbeit auszuführen, die ich gerne tun würde, wird hier wieder sehr wach.

„Rin in de Kartoffel, raus aus de Kartoffel" - so geht es den ganzen Tag! Ich meine das Umkleiden; viel Zeit verbringe ich damit, mich aus- und wieder anzupellen. Die hiesigen Temperaturschwankungen sind gewaltig: Morgens geht das Thermometer fast bis dicht an die Nullgrenze heran, doch jetzt in der Mittagshitze sitze ich bei ca. 25° C auf unserer Terrasse, im Bikini und mit Strohhut zum Schutz gegen die Sonnenglut. Da fällt es mir sehr schwer, mich daran zu erinnern, daß es erst Anfang Februar ist, der Monat, der als derjenige mit den durchschnittlich niedrigsten Temperaturen gilt. Ein Jahr dauert es ungefähr, bis sich Menschen aus Mitteleuropa diesen Schwankungen angepaßt haben, wurde uns gesagt. „Dann braucht auch Ihr Euch nicht mehr immerfort aus- und anzuziehen!" Hoffen wir, daß uns das in unserem fortgeschrittenen Alter auch noch gelingen wird. Es ist eine mir sehr lästige Notwendigkeit.

Auch den Pflanzen bekommen die nächtlichen Abkühlungen nicht sehr gut. Zwar entdecken wir jeden Tag, daß durch unsere intensive Gartentätigkeit durchaus Erfolge zu verzeichnen sind - der Spinat kommt prächtig heraus, die Radieschen und auch Rettiche, Kartoffeln, Möhren und der Pflücksalat. Alles regt sich vielversprechend und drängt ans Licht. Doch dann geht es, jedenfalls für unsere ungeduldigen Augen, sehr langsam weiter. Das Gleiche passiert mit den Obstbäumen - die neuen Blätter kommen sehr sparsam, und die Früchte, die bereits angesetzt haben, zögern mit dem Wachstum.

Die Mandelbäume stehen nun in allerschönster Blüte in allen Schattierungen und versprechen eine ähnlich reiche Ernte, wie wir sie im vergangenen Herbst bei unserem ersten Hiersein miterleben konnten. Der ganze Garten ist eine einzige Pracht, von unserem „Eulennest" aus gesehen ein überwältigendes Bild. Da die gesamte Insel zur Zeit im Mandelblütenkleid steht, feiern die Palmeros bald ihr alljährliches Mandelblütenfest. Da sind wir gerade zur richtigen Zeit wiedergekommen!

Pfirsich oder Aprikose?

Gestern fuhren wir per Bus hinunter nach Los Llanos, der „heimlichen Hauptstadt" der Insel. Obwohl die Entfernung per Luftlinie kaum 10 km beträgt, bedeutet dies doch eine ziemliche Reise. Der Bus muß durch zahllose Windungen hindurch, um die vielen kleinen und großen *barrancos* zu umfahren, bis wir endlich am Ziel unserer Reise angelangt sind. Überall ist eine rege Bautätigkeit zu beobachten. Der bevorstehende Anschluß an die EG hat offensichtlich viele Impulse und - wie man hört - auch manche Finanzspritze mit sich gebracht.

Wir haben natürlich zuweilen Schwierigkeiten, herauszufinden, wo sich die einzelnen Geschäfte, die wir benötigen, befinden. Unser kleines Wörterbuch ist immer mit dabei, und wehe uns, wir haben es in der Eile einmal vergessen. Es gibt viele lustige, aber auch manche ärgerliche Mißverständnisse und Verwechslungen und somit dann noch mehr als die landesüblichen Verzögerungen. Nur gut, daß die Palmeros durchweg sehr freundliche, hilfsbereite Menschen sind, stets entgegenkommend und den vielen Fragen der Neuankömmlinge gegenüber durchweg aufgeschlossen. Als solche sind wir natürlich sofort aus großer Entfernung zu erkennen. Wenn schließlich auch nur ein oder zwei der von uns notierten Besorgungswünsche in Erfüllung gehen, bis uns der Bus wieder heimwärts schaukelt, war die Tour schon ein großer Erfolg.

Als wir dann am Abend müde, hungrig und abgeschlafft heimkehrten, wartete eine ganz besondere Freude auf uns: An unserem kleinen Pfirsichbäumchen auf der Terrasse hat die erste Frucht angesetzt. Oder ist es vielleicht eine Aprikose? Oder etwa doch nur ein Mandelbäumchen, von denen wir ja bereits so viele im Garten haben, daß wir sie ohnehin bald reduzieren bzw. auf anderes Obst veredeln müssen? Diese drei Fruchtsorten ähneln sich für unser ungeübtes Auge derart in Form, Blüte und auch im Fruchtansatz, daß es uns schwerfällt, sie zu unterscheiden. Nichtsdestotrotz freuten wir uns riesig, und alle Anstrengungen des Tages waren sofort vergessen. Mit großer Spannung werden wir nun verfolgen, was letztlich aus unserem kleinen Früchtchen werden mag. Die dicken Hummeln - meine besonderen Freundinnen - die ich unentwegt herumsummen höre und sehe, haben also ihr segensreiches Werk getan. Ich danke Euch, ihr lieben, pelzgewandeten Brummerchen!

Kürbis

Nachdem nun die ersten Wochen unseres Aufenthaltes auf der Insel vorüber sind, muß ich mir doch manchmal eingestehen, daß ich mir die Eingewöhnung nicht ganz so schwierig vorgestellt hatte. Sollten am Ende all die lieben, wohlmeinenden Menschen doch recht behalten, die uns unentwegt gewarnt hatten, in unserem Alter noch diesen einschneidenden Schritt zu wagen? Ich gehe in mich und versuche zu erforschen, ob ich nicht allzu selbstsicher war, indem ich all diese Bedenken einfach in den Wind schlug.

Heute ist Sonntag - ein wunderschöner Sonnentag. Er läßt mich wieder sehr hoffen, daß wir doch die richtige Entscheidung getroffen haben. Bisher ging es ständig 'rauf und 'runter, stets folgte auf einen Tag voller Enttäuschungen und Mühsal einer voller Sonnenschein, Freude und unverhoffter Hilfe von irgendwoher. Als erstes übe ich am Morgen ein wenig Spanisch, was für mein ungestümes Gemüt viel zu langsam vor sich geht. Aber immerhin - ein paar Brocken bleiben doch hängen, und wenn man erst die Scheu vor den ungewohnten Lauten überwunden hat, gelingen manches Mal schon einige schüchterne Sätze.

In bester Stimmung gehe ich hinunter in unseren Garten, wo mein fleißiger Gärtnersmann Horst auch schon wieder am Werkeln ist. Ich begrüße meine jungen Tomatenpflänzchen, die mir der gute Gärtner Jakob geschenkt hatte und die sich offensichtlich hier wohl fühlen und sich über meinen Besuch freuen. Mit den Devas, den guten Pflanzengeistern, die in Findhorn so segensreich wirken, muß ich mich hier sicher noch sehr viel besser stellen als andererorts, wenn unsere Bemühungen Erfolg zeitigen sollen. Was wir bis jetzt an Gemüse in den hiesigen Gärten gesehen haben, ist nicht gerade umwerfend. Wie sollen wir da groß ernten können, wenn selbst bei denen, die auf eine lange Erfahrung in ihrer gärtnerischen Tätigkeit zurückblicken können, kaum etwas zu sehen ist? Sicher liegt es an der Jahreszeit, trösten wir uns. Am besten scheint mir noch Uschis und Helmuts Gärtlein in Schuß zu sein. Jedenfalls stand dort alles üppig, als wir sie besuchten, um uns Rat zu holen. Wie schade, daß sie gerade jetzt, in unserer schwierigen Anfangsphase, nicht hier, sondern in Deutschland sind. Da sie wohl noch länger abwesend sein werden, müssen wir uns ohne sie behelfen.

Wie fast jeden Tag, so taucht auch heute wieder Gliseria auf dem Weg zu uns auf. Und wie immer hat sie irgendetwas für uns in der Hand. Heute ist es ein schöner, roter Kürbis, aufgeschnitten und voller Kerne. Offensichtlich will sie mir einen Lehrgang im Pflanzen von Kürbissen erteilen, was mir sicher sehr willkommen wäre - wenn ich etwas von der Sprache verstehen könnte! Es macht mich traurig, und meine Ungeduld will wieder überhand nehmen. Warum nur habe ich in jungen Jahren bei unseren wiederholten Spanienaufenthalten nicht die Landessprache gelernt, frage ich mich immer wieder? Sicher wäre es damals sehr viel leichter gewesen als nun, unter diesen erschwerten Umständen, wo so vieles zu lernen ist und man im Alter damit ohnehin viel mehr Mühe hat.

Es ist so unendlich viel, das gewartet, gepflanzt, gejätet, gemulcht, gegossen, geerntet und gesät werden möchte - und dennoch: Obwohl wir uns fast jeden Tag von morgens bis abends abmühen und plagen und versuchen, unser neues Besitztum nach unseren Vorstellungen zu formen und zu gestalten, ist doch jeder Tag auch gleichzeitig ein wunderschöner Ferientag, an dem wir immer wieder innehalten müssen, um uns umzuschauen und zu freuen - immer wieder zu freuen ob all der Schönheit ringsum.

Die zweite Hälfte des Februars hat bis jetzt wirklich all unsere Wünsche in bezug auf die klimatischen Verhältnisse erfüllt: viel, viel Sonne und auch Regen zur rechten Zeit. Und zwar nicht die einer Sintflut ähnlichen herabstürzenden Wassermassen, die wir im Dezember erlebt haben. Nein, schön sanft kam er, leise, warm und meist auch nachts - eben genauso, wie man sich einen warmen, den sprichwörtlichen Regen vorstellt -, so daß wir am nächsten Tag wieder in der Sonne arbeiten konnten. Zwar sind die Nächte manchmal immer noch ganz empfindlich kalt, und es ist nicht zu übersehen, daß wir hier in diesen Breitengraden Afrika viel näher sind als Europa. Es ist ja allgemein bekannt, daß die Nächte in Afrika sehr kalt sind.

Trotzdem, das Wachstum schreitet voran, wenn auch wesentlich langsamer, als wir das von Deutschland her gewohnt sind, wo nach dem langem Winter endlich der Frühling einkehrt und es scheint, als ob die Pflanzen wüßten, daß ihnen zum Wachsen, Blühen und Reifen nicht allzu viel Zeit bleibt. Mit Begeisterung entdeckte ich gestern früh wirklich die ersten Kürbisse aus ihrer Bedeckung hervorbrechen. Mit größtem Bedenken hatte ich sie vor 7 Tagen in die Erde gegeben. Es widersprach einfach all meinen Erfahrungen aus der alten Heimat, wo man diese empfindsamen, wärmeliebenden Gewächse ja niemals um diese Jahreszeit der Erde anvertraut hätte. Ich hatte sie an einen bevorzugten, geschützten Platz unterhalb unserer Terrasse in große Blumentöpfe gesteckt, schön mit der Spitze nach unten, wie es mir Gliscria demonstriert hatte. Auch hatte ich sie nicht in einer Humofixlösung vorgewässert, wie ich das sonst zu tun pflegte. Mitsamt dem Fruchtfleisch löste ich die Kerne - gemäß Gliserias Anweisungen - aus dem feuchten Inneren der Frucht. In einem kleinen Schälchen stellte ich sie in die Sonne, und am nächsten Tag kamen sie gleich in die Erde. Nun, genau nach 7 Tagen, strampeln sie sich wirklich mit aller Gewalt ans Licht dieser Welt! Es handelt sich bei dieser Sorte um eine ganz besondere Spezialität,

„Hokkaido" mit Namen, und die sorgfältige Sonderbehandlung erfahren die Kerne, weil wir sie von lieben Freunden zum Abschied aus Deutschland bekommen hatten.

Ein Versuch mit dieser besonders leckeren Kürbissorte zeitigte vergangenes Jahr in Rolfshagen leider keinen Erfolg, und daher hätte ich mich diesmal am liebsten daneben gehockt und den ganzen Tag beobachtet, was geschieht. Wie sie sich da so ganz langsam aus der warmen Erde herausschälen: erst eine kleine Wölbung an der betreffenden Stelle der Erde, die anzeigt, daß sich darunter etwas regt. Dann krümelt die Erde ab und bricht auf. Der Kern schiebt sich durch, und innen werden die beiden ersten, fleischigen, zart-grüngelblichen Blättchen sichtbar, die von der schützenden Umhüllung noch zusammengehalten werden, bis sie sich von dieser und der aufgehäufelten Erde sachte befreien und nun - wie Flügelchen auseinanderbreitend - ihren oberirdischen Lebenslauf beginnen. Ein immer wieder faszinierendes Schauspiel! Aber es gibt natürlich tausend andere Dinge, die unsere Aufmerksamkeit erfordern und nach uns rufen, so daß keine Zeit bleibt für lange Träumereien.

Aber wir erleben auch täglich eine Menge böser Überraschungen - sie bleiben natürlich auch hier nicht aus. Blattläuse und ähnliches Getier beispielsweise, die wir in Deutschland einfach am wirksamsten und schnellsten mit dem harten Wasserstrahl, den wir mehrmals hintereinander schön von unten an die Blätter spritzten, zu Leibe rückten, bereiten uns hier wesentlich mehr Schwierigkeiten. Der Wasserstrahl ist für diesen Zweck zu schwach und reicht einfach nicht aus, den ungebetenen Gästen das Fürchten zu lehren. Wir werden wohl nicht umhin können, uns eine Pumpe anzuschaffen, die den Druck verstärkt. Doch vorläufig erscheinen uns andere Dinge wichtiger, und so mache ich mich jeden Morgen wieder ans Werk, unsere Zitrusbäumchen, die am stärksten befallen sind, zu säubern. Dazu benutze ich ein nasses Schwämmchen und eine Pflanzenseife und wasche damit die Unterseite der Blätter ab, wo die Plagegeister oft in solchen Mengen sitzen, daß es aussieht, als läge auf ihnen ein dichter, behaarter Pelz. Es ist kaum vorstellbar, daß so ein Blatt noch leben und Sauerstoff einfangen kann. Ich höre förmlich, wie es - einmal von seiner Last befreit - aufatmet. Doch meist dauert die Freude nicht lange; am nächsten Tag sitzen die Blätter schon wieder voll, und die Prozedur beginnt von neuem.

Meine Begeisterung wird von Tag zu Tag schwächer, und meine mitunter auftretenden Bedenken, ob es sich nicht auch bei diesen

Schädlingen schließlich um Lebewesen handelt, wie klein oder groß auch immer, schwinden dahin, wenn ich sehe, wie unsere Bäume unter ihnen leiden und manche schon nahezu erstickt sind. Wir werden noch viel lernen müssen, bis wir all diesen Aufgaben einigermaßen gerecht werden können. Ein Glück, daß wir so gute gärtnernde Freundinnen und Freunde hier haben, zu denen wir flüchten können, um uns Rat zu holen oder auch nur, um zu sehen, daß alle mit den gleichen Problemen kämpfen.

Als Gärtner Bosch uns bei unserem Besuch im November von den vielen Schädlingen und den Pflanzenkrankheiten erzählt hatte, war ich zunächst ziemlich geschockt. Nun kommt mir die Richtigkeit seiner Aussage nach und nach und immer schmerzhafter zum Bewußtsein. Wog ich mich doch in dem naiven Glauben, hier könnten wegen des Fehlens von Hochindustrialisierung und Massentourismus (noch!) mit all seinen negativen Auswirkungen etwas günstigere Lebensbedingungen für Pflanzen - und damit auch für die Menschen - herrschen.

Ameisen

Heute, nach fast halbjährigem Aufenthalt, habe ich mich sehr daran gewöhnt, daß ich das Haus zeitweise mit einigen anderen Lebewesen zu teilen habe. Die Ameisen beispielsweise, die mich anfänglich bei ihrem Auftauchen so in Panik versetzten, sehe ich heute von einer ganz anderen Warte aus an. Ja, ich muß gestehen, ich habe inzwischen einen großen Respekt vor diesen kleinen, wohlorganisierten, nützlichen und in den Tropen sicherlich ganz unentbehrlichen Abfallbeseitigungshelferchen. Gelassen nehme ich es hin, wenn ich irgendwo im Haus eine eifrig frequentierte neue Straße entdecke. Dann frage ich mich lediglich, wo wohl wieder etwas liegengeblieben ist, woran sie Interesse haben könnten und das - im wahrsten Sinne des Wortes - „weggeputzt" werden muß.

Eines Nachts wunderte ich mich, warum ich wohl nicht einschlafen konnte - eine Seltenheit angesichts meines sonst hier so ausgezeichneten Schlafes. „Warum nur bist du heute so kribbelig?" fragte ich mich. Ich drehte mich hin und her, bald juckte es hier, bald dort, bis ich es nicht mehr aushalten konnte und das Licht einschaltete. Gleich war mir alles klar: Eine regelrechte Ameisenstraße führte oberhalb meines Kopfes an der Bettkante entlang. Da blieb es natürlich nicht aus, daß sich das eine oder andere der kleinen Krabbelviecherchen einmal zu mir ins Bett verirrte. Ihr Ziel war ich ja offensichtlich keinesfalls, und so stand ich auf und verfolgte die sich eilends hinschlängelnde schwarz-braune Spur. Sie bewegte sich hinter dem Nachtschränkchen abwärts, dann an der Fußleiste entlang durch die Tür, und über den Flur ging es weiter bis zum Eingang in das Badezimmer, wo sie abrupt endete.

Dort, zwischen Tür und Angel sah ich gleich, was los war: Ein wimmelnder, großer Ameisenhaufen war damit beschäftigt, ein kleines Geccochen, das sich unglücklicherweise dort eingequetscht hatte, beiseite zu schaffen. Armer, kleiner Gecco. Auch er gehört inzwischen zu meinen liebgewordenen „Hausgeistern". Erst mußte ich mich sehr daran gewöhnen, diese Tiere nachts, wenn das Licht eingeschaltet wurde, an der Decke huschen zu sehen. So ganz geheuer war mir der Gedanke nicht, mein Zimmer teilen zu müssen; das lautlose Huschen hat auch immer etwas Gespenstisches an sich. Hier auf der Insel sind Geccos wohl in jedem Haus heimisch und haben ihren Plan im weisen Kreislauf der Natur zu erfüllen. Sie ernähren sich von Fliegen, Mücken, Nachtfaltern u.ä. und halten so das Haus von ihnen frei.

Ich nahm Schaufel und Besen und beförderte behutsam das kleine Tierkadaverchen samt wimmelndem Haufen ins Freie. Die Kommunikation funktionierte - wie immer im Ameisenstaat - sehr schnell und reibungslos. Als sich herumgesprochen hatte, daß an jener Stelle nichts mehr zu holen sei, war der nächtliche Spuk im Nu vorbei, und ich fand meine Ruhe. Bis zum Morgen waren dann auch einzelne Nachzügler, die die Nachricht von der Verlegung nicht rechtzeitig erreicht hatte, verschwunden.

Während das Wort Recycling in diesen Breiten noch ziemlich unbekannt zu sein scheint, funktioniert dieses System bei den Ameisen bestens! Freilich sehe ich die Sache sicherlich sehr einseitig auf meine allzu menschliche Weise. Denn die Ameisen kommen sicher nicht, um uns von unliebsamen Kadavern zu befreien. Sie kommen, weil sie ihren Nahrungsbedarf decken möchten und auf diese Art von Nahrung programmiert sind. Ihr zu diesem Zweck unwahrscheinlich gut ausgebildeter Geruchssinn befähigt sie, auch kleinste Mengen geeigneter Nahrung aus großer Entfernung wahrzunehmen. Ich bewundere sie, und gleichzeitig kommt mir auch wieder zu Bewußtsein, wie grausam die Natur sein kann. Offensichtlich bedeutet das einzelne Individuum nichts; was wichtig ist und zählt, ist allein die Erhaltung der Art - so scheint es wenigstens.

Bei meinem Kampf um die Erhaltung und Gesundung unserer kranken Pfirsichbäume, die auf La Palma und, wie ich höre, weltweit in den südlichen Ländern von der Mittelmeerfliege befallen sind, sammle ich alle abgefallenen Früchte und Blätter ein. Dabei beobachte ich, daß die Ameisen sogar in faulende Früchte eindringen und sich der darin lebenden Maden bemächtigen - wohlgemerkt: der noch lebenden! Ich sehe, wie der kleine Wurm sich verzweifelt wehrt, um sein Leben kämpft und immer wieder unerbittlich von seinen Verfolgern angegriffen wird, bis er sich in sein Schicksal ergeben muß.

Da komme ich sehr ins Sinnieren! Es taucht die Frage in mir auf: Wenn wir überall in der Natur dieser Grausamkeit begegnen, ist nicht auch der Mensch als ein Teil dieser Natur unausweichlich eingebunden in ihre Gesetze? Ist es nicht ganz „natürlich", daß auch wir in einem ständigen Kampf miteinander liegen? Einem Kampf um die besten Lebensbedingungen, um mehr Nahrung, mehr Besitz, um Macht und Prestige - und daß wir uns dabei manchmal gar nicht so zimperlicher Methoden bedienen, die noch grausamer sind als die der Tiere.

Aber unterscheidet sich nicht gerade der Mensch, als das „denkende Tier", dadurch von diesem, daß er seinen Verstand, sein Herz und sein Gefühl gegenüber seinen leidenden Mitmenschen, ja zu aller fühlenden Kreatur einsetzen kann? Das Tier dagegen kann nur seinem ihm eingegebenen, „natürlichen" Instinkt folgen. Der Unterschied liegt gerade darin, daß wir hier n i c h t der Natur zu folgen haben, die seit unseren „Tiertagen" durchaus noch in uns wirksam ist und uns immer wieder eingeben will: „Nimm dir nur, was du haben möchtest! Was gehen dich deine Nachbarin an, dein Bruder, deine Mitmenschen?" Aber genau dieser Punkt zeichnet das Menschsein aus: daß wir - im Gegensatz zu allen anderen Lebewesen - denken und die Folgen unseres Handelns überschauen können.

Um nochmals auf die Ameisen zurückzukommen: Gerade bei ihnen gibt es keinen Egoismus. Ihr Instinkt gebietet ihnen, zu allererst für den Staat und dessen Fortbestand zu sorgen.

Kohlrabi

Wenn ich der Insel einen Namen zu geben hätte, ich würde sie die Insel der Blumen nennen. Sie gedeihen hier immerzu, zu jeder Jahreszeit, wenn sie nur ein Minimum an Feuchtigkeit erhalten. Auch wenn sie im Sommer gänzlich ohne Wasser auskommen müssen und schier verdorren - kaum erhalten sie wieder etwas Feuchtigkeit, kommen sie in üppigster Farben- und Formenpracht in Windeseile aus dem Erdreich hervorgeschossen.

Mit den Blumen hat man nie Schwierigkeiten, und das ist wohl auch der Grund, warum unser Vorgänger ihnen seine hauptsächliche Aufmerksamkeit geschenkt hat. Sie stehen hier in einer solchen Fülle, daß man unseren Garten wirklich als Blütenparadies bezeichnen kann. Dagegen haben wir ganz und gar nichts, im Gegenteil: Wir freuen uns jeden Tag über die Schönheit rings um uns herum! Allerdings leben wir vorwiegend von Rohkost, und unser eigentliches Ziel war es gewesen, uns von der eigenen Scholle ernähren zu können - ohne Gift und ohne künstlichen oder tierischen Dünger. Und da beginnen unsere großen Schwierigkeiten.

Obst gedeiht hier ja sehr gut, jedenfalls die typischen Südfrüchte: Bananen, Avocados, Orangen, Mandarinen, Feigen, Zitronen und natürlich Mandeln in jeder Menge und überall, selbst da, wo sie nie Pflege und Wartung erfahren. Sie können wohl aus den Steinen noch Wasser saugen und es auch über lange Durststrecken hinweg speichern. Viele uns bis dahin unbekannte oder kaum bekannte Obstsorten wie Papayas, Mangos, Kiwis, Kakis[1], Cherimoyas, Mispeln, Maulbeeren, Baumtomaten und Kapstachelbeeren sind hier heimisch und wachsen zum Teil auf unserem Grundstück. Welch eine Überraschung ist es jedesmal, wenn wir einen dieser Exoten entdecken! Die Cherimoya beispielsweise stammt ursprünglich aus den Anden und wächst an sonnigen Mauern; eine zu starke Sonneneinstrahlung allerdings mag sie nicht. Ihr Anbau bereitet viel Mühe, da die kleinen Früchte separat von Hand befruchtet werden müssen. Dafür gehört die Cherimoya aber zu den schmackhaftesten Tropenfrüchten.

Die in Mitteleuropa bekannten Obstsorten wie Äpfel, Birnen, Kirschen oder Zwetschgen gedeihen nur in ganz bestimmten Klimazonen der Insel, und in einer solchen scheinen wir nicht zu wohnen. Zwar stehen auf unserem Grundstück einige Bäume, doch scheinen sie mehr eine Alibifunktion auszuüben. Wirklich gute Früchte tragende Obstbäume haben wir nur in höheren Lagen gesehen; offensichtlich behagt ihnen unsere Lage in ca. 500 m Höhe nicht ganz. Da hilft auch kein sorgfältiges Wässern, keine noch so üppigen Düngegaben, auch kein sorgfältiges Mulchen oder gutes Zureden. Unser kleines Apfelbäumchen, das bei unserem ersten Hiersein immerhin

---

[1] Kaki: süße Frucht, die im Aussehen an Tomaten erinnert.

schon drei Früchte trug, zeigt dieses Jahr nur eine einzige im Ansatz, bei allen anderen Bäumen herrscht völlige Fehlanzeige!

Dieses Obst fehlt uns doch sehr, während wir mit dem zeitweisen Überfluß der einheimischen Arten manchmal überreich eingedeckt sind. Da bleibt uns zuweilen nichts anderes übrig, als diese Früchte zu kompostieren und sie so der Erde, die alles liebevoll und dankbar aufnimmt, wieder zuzuführen. Zu anderen Zeiten dagegen heißt es: „Heute ist Schmalhans Küchenmeister", und das ist zuweilen nicht so übel. Oder man muß den ganzen Tag von Mandarinen, Avocados, Bananen oder den Früchten des Feigenkaktus' leben.

Das schwerste aber scheint zu sein - und genau das haben wir uns so gewünscht -, dem kargen, steinigen Boden Gemüse abzuringen. Dieses Ziel wird uns noch sehr viel Arbeit, Mühe und vor allem auch weitere Kenntnisse über die hiesigen Verhältnisse abverlangen. Gelingt es uns endlich, ein paar Pflänzchen Spinat, rote Bete, Möhren oder Kohlrabi aus der Erde zu bringen, ist sofort eine Unzahl von „Mitessern" dabei, Tabularasa zu machen und uns um den Erfolg unserer Bemühungen zu bringen. Trotz meiner großen Tierliebe neige ich dann zuweilen dazu, den Raupen, Eidechsen, Flöhen, Kaninchen und wem noch nicht alles die Pest an den Hals zu wünschen - besonders, wenn all unsere Abwehrmaßnahmen, mit denen wir in Deutschland so erfolgreich gearbeitet hatten, hier nicht greifen und wir immer wieder vor abgefressenen Strünken, durchlöcherten Blättern und ausgehöhlten Früchten stehen.

So erging es mir eines Tages, nachdem ich meinen ganzen Stolz, einige bis auf Fingerlänge vorgezogene Kohlrabipflanzen, in mein kleines Versuchsgärtlein hinter dem Hause setzte. In Anbetracht meiner bisherigen trüben Erfahrungen hatten wir bereits das gesamte Gemüsestück mit einem Eidechsenzaun versehen. Dies war ein Riesenaufwand an Kosten und Schwerstarbeit, da dieses Stück Wellkunststoff, wie man es sonst für Dächer, Lauben und Ställe verwendet, mindestens 15 cm tief in die Erde eingebuddelt werden muß. Dies ist bei unseren Gesteinsmassen kein leichtes Unterfangen.

Nun denn, der Zaun stand, und so ging ich am Abend frohgemut zu Bett, nachdem ich meinen kleinen Kohlrabipflänzchen noch eine gute Nacht gewünscht hatte. Am nächsten Morgen dann galt mein erster Blick aus dem Toilettenfenster natürlich meinem Beet. Doch was ich tags zuvor so hoffnungsvoll verlassen hatte, stand zum größten Teil kahlgefressen da: Die kleinste Schwachstelle in meinem Zaun - wahrscheinlich dort, wo die einzelnen Teile überlappten - hatten

die Eidechsen, diese niedlichen kleinen Gesellen, die in Deutschland früher immer mein Entzücken waren, prompt entdeckt und sich sogleich an den gedeckten Tisch gesetzt.

In der Mittagszeit, in der sie immer besonders eifrig auf Nahrungssuche gehen, legte ich mich dann regelrecht auf die Lauer. Und ich mußte auch gar nicht lange warten, bis sie aus der Steinmauer, die meinen Garten begrenzt, in Richtung Kohlrabibeet hervorturnten. Meine Munition - halbreife Feigen vom angrenzenden Feigenbaum - hatte ich bereits vor mir auf der Fensterbank liegen. Platsch - da landete die erste vor ihrer Nase zwischen den Steinen. Und platsch, noch eine und noch eine - schon waren die Räuber verschwunden! Ich wollte mich bereits zufrieden zu meiner wohlverdienten *siesta* begeben, als ich zur Sicherheit nochmals aus dem Fenster schaute. Und was ich da zu sehen bekam, erheiterte mich dermaßen, daß ich all meinen Groll vergaß und herzhaft lachen mußte: Eine große Eidechsenfamilie hatte sich um eines der nahrhaften Geschosse versammelt und zog und zerrte aus Leibeskräften daran, um es zwischen den Steinen in Sicherheit zu bringen. Wenn ich wüßte, daß sie in Zukunft meine Gemüsebeete verschonen, wie gerne würde ich sie mit solchen überschüssigen Mahlzeiten versorgen!

Hier taucht mein alter Wunschtraum wieder auf: Könnte man sich nur mit den Tieren verständigen, es wäre das Paradies!

Für den Moment aber bleibt nur der Ausweg, die Reduzierung der Eidechsen ihren natürlichen Gegnern zu überlassen, den Katzen. Einige Wildkatzen durchstreifen unseren Garten, und ich stelle ihnen nun ihr Futterschüsselchen, mit dem wir sie ans Haus zu gewöhnen suchen, täglich vor meinem Kohlrabibeet auf. Vielleicht genügt ja ihre bloße Gegenwart, damit meine flinken Räuber fernbleiben. Und natürlich muß der Zaun uneinnehmbar gemacht werden. Manchmal ertappe ich mich bei dem Gedanken, ob es nicht mit den Schnecken einfacher gewesen sei? Sie konnten mir wenigstens nicht mehr entkommen, wenn ich sie einmal ausgemacht hatte. Hier tauchen Schnecken nur ganz vereinzelt auf. Es ist ihnen viel zu trocken und zu heiß, als daß sie sich zu einer ähnlichen Landplage entwickeln könnten, wie das in manchen Gegenden unserer alten Heimat der Fall ist. Und sicherlich stehen sie auch auf dem Speiseplan der Eidechsen, die ja durchaus nicht nur Schaden anrichten, sondern auch gute Insektenvertilger sind.

Mein nunmehr sechster Versuch, Kohlrabi anzupflanzen, drohte abermals zu scheitern. Diesmal bekam ich sie wenigstens gut aus der Erde. Doch kaum zeigten sich die ersten, schüchternen Blättchen, da nagte auch schon wieder irgendein Getier daran. Die Pflänzchen konnten sich einfach nicht entwickeln. Daß es - trotz des errichteten Abwehrzaunes - wieder die niedlichen Eidechsen waren, konnte ich einfach nicht glauben, denn ich hatte doch Waffenstillstand mit ihnen geschlossen, den sie auch einzuhalten schienen.

Unten in meinem Gartenrevier hatte ich für meine diversen Haus- und Wildkatzen einen Futterplatz errichtet, den die Eidechsen natürlich tunlichst mieden. Dafür stellte ich diesen oben auf die Steinmauer, die eindeutig ihr Reich war, jeden Morgen frisches Wasser in kleinen Schälchen auf. Offensichtlich litten sie in diesen ganz heißen und trockenen Tagen sehr unter Durst, und wahrscheinlich sind ihre Raubzüge durch die Gartenbeete mehr dem Durst zuzuschreiben als dem Hunger. Schließlich ist ihr Tisch auch ohne die menschlichen Anpflanzungen seit eh und je gut gedeckt. Als besondere Friedensgeste legte ich ihnen neben das Wasser auch noch einige frische Obstreste. So konnte ich ziemlich sicher sein, daß die Übeltäter an den Kohlrabis diesmal woanders zu suchen waren.

Nach Erdraupen hatte ich schon vergeblich geschaut - wer immer der Übeltäter war, er ging systematisch und mit großer Präzision vor. Langsam wurde Stück für Stück bis zum völligen Kahlschlag abgefressen, was mich schließlich auch auf die Spur brachte. Dieses Vorgehen hatte ich auch schon früher in Deutschland an allen Kohlarten sehr häufig gesehen. Ich hatte immer wieder mal die Unterseite der Kohlrabiblätter inspiziert, doch nichts Verdächtiges gefunden. Nun aber holte ich meine schärfste Lesebrille - und siehe da: Einige dicke Raupen, perfekt getarnt und der Pflanzenfarbe völlig angepaßt, so daß ich sie mit bloßem Auge nicht wahrgenommen hatte, taten sich in aller Ruhe gütlich. Das also war's!

Alle meine Gegenmaßnahmen, die ich in Deutschland so oft und mit Erfolg angewandt hatte, versagten zunächst. Hier hatte ich es wohl mit einer ganz speziellen Sorte zu tun. Weder das Abstäuben der Pflanze mit Gesteinsmehl auf die nassen Blätter noch das Zudecken der Kohlrabis mit Tomatenabfällen, das Abgießen mit Wermut, Rainfarntee und Lavendel oder das Mulchen mit Farnkraut, das ich mir mühsam im Rucksack oben aus den Bergen geholt hatte, nützte etwas! Meine schönen Kohlrabi wurden weniger und weniger, aufgeben aber wollte ich nicht.

Und so ging ich auch hier auf die Pirsch, wie ich das in meinem Mulchgarten in Rolfshagen fast täglich mit den Schnecken getan hatte. Ich sammelte die Raupen ab, und bald schon zeigten sich neue, heile Blättchen an den Pflanzen, die sich prächtig entwickelten. Mit Freude sah ich die kleinen Knöllchen heranwachsen und wachte mit Argusaugen darauf, daß sich nicht wieder weiße Schmetterlinge darauf niederließen. Sie kannten mich schon, wenn ich auftauchte. Mein kleines Versuchsgärtlein liegt direkt hinter dem Haus, wo ich es gut vom Fenster aus beobachten kann. Wenn ich in die Hände klatsche und sie scheuche, suchen sie schnell das Weite.

„Wie kannst Du nur so grausam sein", neckte mich Horst. „Sie sind doch nun hochschwanger, und Du gönnst ihnen kein Plätzchen für ihr Wochenbett!" Zwar hatte er da eine ganz verwundbare Stelle bei mir getroffen, doch bei aller Solidarität: so weit ging sie nun auch wieder nicht! Allerdings war es uns dennoch nicht vergönnt, unseren Mittagstisch bald mit den sich so prächtig entwickelnden Kohlrabis zu bereichern.

Zwar hatte ich den Kohlweißlingen das Handwerk gelegt, deren Nachfolger jedoch - wer immer es war - gingen sehr viel geschickter ans Werk. Man sah sie nicht, man hörte sie nicht, man roch sie nicht, und doch waren sie im Gange und durchlöcherten nicht nur klammheimlich die Blätter, sondern verspeisten auch gleich den größeren Teil der Knollen mit. In Deutschland hätten wir längst zu den altbewährten Kräuterjauchen, zu Tee oder Auszügen gegriffen. Hier in unserem Garten aber gibt es leider weder Brennessel, noch Rainfarn, Wermut, Lavendel, Schachtelhalm, oder Rhabarberblätter, womit wir bisher immer so erfolgreich gearbeitet hatten. Wenn das eine nicht nützte, hatten wir bestimmt mit der zweiten oder dritten Pflanze Glück, und der Spuk war vorbei.

Wir wollen also schnellstens versuchen, wenigstens einige der genannten Pflanzen hier heimisch zu machen. Brennesselpflanzen hatten wir uns mitgebracht, da wir bei unserem ersten Aufenthalt hier nirgendwo welche entdecken konnten. Wer hätte gedacht, daß es einen Winkel der Erde gibt, wo diese Pflanze nicht heimisch ist? Doch hier entwickelten sie sich nicht und gingen langsam ein.

Als wir dann endlich ein paar der übriggebliebenen, zerfressenen Fragmente der Kohlrabis auf dem Tisch hatten, mußten wir feststellen, daß sie uns gar nicht mehr so gut schmeckten, wie wir das in Erinnerung hatten. Offensichtlich hat sich unser Geschmack inzwischen durch das viele süße und vollausgereifte Obst sehr verändert. Also beschlossen wir, uns im Anbau auf Gemüsesorten, die nicht so arbeitsintensiv sind und uns nicht von allen Seiten streitig gemacht werden, zu beschränken. Ich denke da vor allem an die Chayoten. Dies ist eine sehr dankbare, rankende, immertragende Frucht, deren Geschmack etwas dem des Kohlrabis ähnelt, die jedoch sehr viel größer und länglicher ist. Zudem ist sie wesentlich zarter, lieblicher und verholzt nicht. Die Pflanze bildet Ranken, die viele Meter lang sind und sich unentwegt an Mauern, Drahtzäunen, Gerüsten oder was ihnen gerade im Wege steht hochwinden. Sie bedürfen keines weiteren Erdkontaktes mehr und bilden unentwegt Frucht um Frucht, und zwar viele Jahre lang. In unserer Anfangszeit haben wir sie sehr schätzen und lieben gelernt, denn sie helfen uns, so manche Versorgungslücke zu füllen, die sonst unweigerlich auftreten würde.

Noch dramatischer als unser Versuch, Kohlrabis auf den Tisch zu bringen, verlief der mit sämtlichen Kohlsorten, die ausgerechnet zu unseren Haupt- und Lieblingsgemüsen zählen. Aber nicht nur für den Tisch möchten wir sie gerne heranziehen; Weiß- und Wirsingkohl ist auch für unsere Hausapotheke unentbehrlich: Viele kleine und auch größere Leiden lassen sich durch einfaches Auflegen von Kohlblättern heilen (siehe Literaturverzeichnis Häberle). Und nun dieses Fiasko bei uns!

Die Saaten von Weiß-, Rot-, Wirsing- und Blumenkohl gingen zu unserer hellen Freude zwar meist auf, doch wenn die Zeit der Auspflanzung herangekommen war, begann der tägliche Kleinkrieg mit all den Mitessern, die sich prompt einstellten. Manchmal waren über Nacht ganze Reihen prächtigster junger Pflanzen, die wir am Abend gesteckt hatten, verschwunden. Bei anderen wiederum sah es erst sehr hoffnungsvoll aus, aber plötzlich, nach einigen Regentagen, fielen die Schnecken in geordneter Formation über sie her. Diesen Tierchen konnte ich - nach beträchtlichem Schaden - das Handwerk legen, da mir das Problem von meinem Garten in Deutschland ja wohlvertraut war. Mit den heißen Tagen verzogen sich die „Schleimigen" in feuchtere Regionen, freilich nicht auf Nimmerwiedersehen. Denn wenn - wie ich gelesen habe - jede Schnecke tatsächlich 300 Nachkommen erzeugt, dann können wir uns gut vorstellen, was da demnächst auf uns zukommt. Doch nun waren sie erst einmal verschwunden. Dafür bekamen wir es jetzt mit den Erdraupen zu tun, deren Bekämpfung sich noch viel schwieriger gestaltete.

Man kann natürlich die ganze Pflanze aus der Erde reißen, denn in deren Wurzelwerk verbergen sich diese dicken, behaarten, gefräßigen Gesellen tagsüber, um dann im Schutze der Dunkelheit ihr räuberisches Werk zu beginnen. Das bedeutet dann gewöhnlich für die Pflanze das Aus. Erdraupen dringen - im Gegensatz zu den Kohlweißlingen - sogar in das Herz der Kohlköpfe ein, so daß eine Weiterentwicklung ausgeschlossen ist. Man erkennt Erdraupen übrigens sehr leicht daran, daß sie sich sofort zusammenkringeln, wenn sie ans Tageslicht gebracht werden.

Ein andermal wieder gelang es den wendigen und flinken Eidechslein doch, eine Lücke im Zaun ausfindig zu machen und sie verschlangen dann gewöhnlich gleich ganze oder halbe Blätter. Mitunter war ich wirklich am Verzweifeln und wollte die Gärtnerei schon fast an den Nagel hängen, doch als Horst das hörte, lachte er nur und sagte: „Du ohne Garten? Wie lange Du das wohl aushältst? Nimm Dir doch ein Beispiel an den Ameisen! Unermüdlich, sooft wir ihnen ihre Nahrungsquellen entziehen, indem wir sie ihrer „Melkkühe", der Läuse, berauben - spätestens am nächsten Tag sind sie wieder da und am Werke, als sei nichts geschehen. So wie es ihnen die Natur eingibt!"

Seufzend macht ich mich also wieder an die Arbeit, und eines Tages dann, als in meinem Gärtlein wieder der große Kahlschlag zu verzeichnen war und mein Geduldsfaden trotz aller Übung zu zerreißen drohte, da funkte es bei mir. Damals in Rolfshagen war es Horst, der die zündende Idee mit den Hochbeeten hatte, diesmal jedoch ging der Impuls von mir aus: Warum machen wir uns unsere Erfahrungen nicht zunutze und bauen auch hier Hochbeete, die sich dort so glänzend bewährt hatten? Diesmal sollten sie nicht nur mit einem Schnecken- sondern darüber hinaus auch noch mit einem Eidechsenzaun versehen werden, und damit es schneller gehen würde, könnten wir sie aus Hohlblocksteinen mauern, statt sie aus Hölzern und Bohlen zu fertigen. Freilich, für diese Wachstumsperiode war es schon zu spät. Doch allein die Aussicht auf eine grundlegende und hochwirksame Lösung unseres Problems beflügelte uns erst einmal wieder, so daß wir mit neuem Schwung ans Werk gingen.

Schließlich sind wir in der Zwischenzeit ja auch nicht jünger geworden, und es ist gewiß nicht zu verachten, wenn wir in Zukunft einen Teil unserer Arbeit im Stehen oder sogar im Sitzen bewältigen können, statt auf der Erde hocken zu müssen.

Bewässerung
Wahrscheinlich werden wir auf die Dauer nicht umhin kommen, uns eine automatische Bewässerungsanlage zuzulegen. Nötig wäre sie auf jeden Fall für die vielen Bäume, so daß wir dann nur noch das Gemüseland von Hand zu bewässern hätten. Sicher ist eine solche Anlage auch eine kostspielige Angelegenheit, doch andernfalls haben wir keine Zeit, uns den übrigen Aufgaben zu widmen wie Schädlingsbekämpfung, Beschaffung von Mulchmaterial, Aufzucht der Jungpflanzen und vielem mehr. Freilich, das mir so lieb gewordene Bild: Horst in seiner blauen Gärtnermontur und dem Strohhut auf dem Kopf, wie er stundenlang mit dem Schlauch in der Hand durch den Garten geht und mal hier, mal dort in dem unübersichtlichen Gelände auftaucht - das werde ich mit Sicherheit doch ein wenig vermissen. Es war für mich das Urbild eines Gärtners!

Andererseits wäre es sicher auch ganz angenehm, wenn wenigstens soviel Zeit erübrigt würde, daß wir abends wieder einmal Nachrichten aus Deutschland hören, ohne dabei vor Müdigkeit vom Stuhl zu fallen, oder daß wir die Musiktruhe anstellen, die völlig vernachlässigt in einer Ecke steht und auf den großen Tag wartet, an dem wir endlich wieder Gehör für sie finden.

Im Laufe des langen, trockenen Sommers nahm die Bewässerungsarbeit nahezu unsere gesamte Zeit in Anspruch, und dennoch zeigte der Garten deutliche Spuren von Wassermangel. Wenn unsere bisherige Arbeit nicht gänzlich umsonst gewesen sein sollte und wir überhaupt noch etwas ernten wollten, mußten wir uns also etwas einfallen lassen. Inzwischen hatte sich unser gemeinsames Ehe- und Freizeitleben auf ein gelegentliches „*hola!*" reduziert, wenn wir uns zufällig im weitläufigen Gelände begegneten - Horst fast immer mit dem Wasserschlauch in Aktion, ich meist mit der Spritzpumpe in der Hand unterwegs zu den Zitrusfrüchten, die trotz all meiner Abwehrmaßnahmen im Kampf mit den Läusen um ihr Leben rangen. Nun beschlossen wir, uns ernsthaft mit der automatischen Bewässerung zu befassen.

Gelobt sei der Tag! Er brachte uns nämlich nicht nur eine ganz wesentliche Arbeits- und Zeitersparnis, sondern überdies die Bekanntschaft mit einem der besten und liebenswürdigsten Freunde, die es überhaupt geben kann.

Horst stand (wieder einmal) unten am Zufahrtsweg, um unsere Bananen mit dem dringend benötigten Naß zu versorgen, als ein Auto auf der Straße neben ihm hielt. Ein herzliches, offenes Lausbubengesicht unter wucherndem männlichem Haarwuchs strahlte ihn an: „Ich bin Henk. Bin ich hier richtig im *nido de lechuzas?*" Horst machte vor Freude fast einen Luftsprung, war ihm doch ein gewisser Henk als Experte für biologischen Gartenbau und technische Bewässerung wärmstens empfohlen worden. Doch bei dem hier allgemein üblichen Tempo hatten wir keineswegs mit dieser schnellen Kontaktaufnahme gerechnet. Sie kam uns jedoch außerordentlich gelegen, da wir in Kürze einen längeren Europaaufenthalt vor uns hatten, und in dieser Zeit wollten wir den Garten keinesfalls unversorgt zurücklassen.

Bald war uns bewußt, daß wir es nicht nur mit einem versierten Fachmann für unsere Bewässerungsanlage zu tun hatten, sondern auch mit einem exzellenten Kenner der hiesigen Gegebenheiten; darüber hinaus war er mit Leib und Seele Biogärtner. Was mein Herz besonders für ihn eingenommen hatte, war eine kleine, ihm gänzlich unbewußte Geste: als er über meine verlausten Mandarinenblätter strich, um sie von ihren Peinigern zu befreien. Das hatte bislang noch niemand getan und ich selber in einem fremden Garten sicher auch noch nie. Diese Geste brachte ihn mir so nahe, daß ich ihn am liebsten umarmt hätte!

Nach einigen anfänglichen Schwierigkeiten stand unsere Anlage dann nach drei Tagen, und zu unserer großen Freude reichte unsere

Wasserkapazität vollständig aus. Wir hatten schon befürchtet, daß wir noch zusätzliche Wasseraktien benötigen würden. Aber dadurch, daß das Wasser ganz gezielt an jede einzelne Pflanze gebracht wird, verläuft nicht so viel „im Sand", so daß die Anlage nur jeden zweiten Tag eingeschaltet werden muß. Wir sind restlos glücklich, insbesondere Horst, hat er doch wieder einen Computer!

Dunos
Im Augenblick fallen viele Chayoten an. Lange haben wir darauf gewartet, und nun können wir manchen Tag in der Hauptsache davon leben. Wenn sie nur nicht so stachelig wären! Viele der hiesigen Früchte und Gewächse sind mit Stacheln versehen, als ob sie sich seit Anbeginn gegen unzählige Feinde hätten erwehren müssen.

Ganz besonders gilt dies für unsere Lieblingsspeise, die fast ganzjährig in großer Zahl vorkommt: die Kaktusfeige *Opuntia ficus indica*. Opuntien sind die wichtigsten, weil schmackhaftesten Kakteen, wenn man sie nicht wegen ihrer Schönheit, sondern wegen ihres Wertes für die menschliche (und tierische) Ernährung betrachtet. Allerdings gibt es unter ihnen auch weltberühmte Schönheiten. Verzehrt wurden die Kakteenfrüchte von alters her bei den zahlreichen Völkern des alten Amerika. Noch heute essen manche Indianerstämme drei Monate im Jahr vorwiegend diese Kaktusfeigen, und es gibt Hinweise darauf, daß schon zu prähistorischer Zeit Wildformen der Opuntien verzehrt wurden. Mexico führt noch heute Fels, Opuntie und Adler im Wappen.

Einem berühmten amerikanischen Züchter ist es sogar gelungen, Opuntien ohne Stacheln zu züchten, doch hier bei uns haben sie alle Stacheln - das weiß ich genau! Opuntien sind wohl über alle trockenen Gebiete der Welt verbreitet und daher unter zahlreichen verschiedenen Namen bekannt. Hier auf den Kanarischen Inseln heißen sie *dunos*.

Aus dem Inneren der Frucht läßt sich Marmelade und Sirup herstellen, doch wir verzehren sie alle roh - nicht von der Hand in den Mund, sondern sozusagen vom Handschuh auf den Teller. Man benötigt zum Essen Messer, Gabel und Löffel. Die eiskalt servierten Früchte werden mit der Gabel aufgenommen, man schneidet vorne und hinten die Kappen ab und anschließend die Früchte in der Mitte flach durch. Nun kann man sie auslöffeln - und genießen!

Doch vorher müssen sie natürlich gesammelt werden, und da sie in dieser Jahreszeit mit zu unseren Hauptnahrungsmitteln gehören, müssen wir mindestens zweimal in der Woche losziehen, bewaffnet mit Handschuhen, Greifzangen und Plastikbeuteln. Letztere werden nach Gebrauch sofort in den Müll gegeben. Trotz unvermeidlicher Blessuren macht das Sammeln doch jedesmal wieder großen Spaß. Es ähnelt der Pilzsuche früher in Deutschland, nur daß diese ja fast immer in den kalten, herbstlichen Wäldern stattfand, während man hier im warmen Sonnenschein über Felsgestein klettert. Überall an den Wegen und Hängen leuchten sie schon von weitem in allen Schattierungen von grün bis orange, wenn sie vollreif sind, auch rötlich - man muß nur zugreifen. Je höher hinauf man sich wagt, desto mehr Sonne haben sie bekommen und desto besser schmecken sie (siehe auch S. 150).

Auch wenn ich meine, keinem dieser stacheligen Gesellen zu nahe gekommen zu sein, fängt es bald überall an zu jucken und zu pieksen. Besonders die ganz feinen dieser aggressiven, widerhakigen Stacheln scheinen es auf mich abgesehen zu haben. Trotz alledem - verzichten möchte ich weder auf das Sammelngehen noch auf die Früchte. Nach der Ernte werden die *dunos* mehrmals mit einer Bürste gewaschen; dann kann man sehen, daß sogar das Innere des Kunststoffeimers mit Stacheln vollsitzt. Bei Tisch jedoch ist alle Mühsal des Erntens vergessen. Die Frucht zergeht auf der Zunge, und man kann gar nicht genug davon bekommen. Es ist, als ob eine gütige Fee eine Art rote Grütze für uns zubereitet hätte, und sogar von der Vanillesoße, die man gewöhnlich dazu gibt, ist ein wenig Geschmack dabei.

Am Ende dieser üppigen Mahlzeit haben wir dann meist einen ganzen Eimer voll des besten, saftigsten Mulches, und manchmal entsteht sogar ein kleiner Streit darüber, wer denn heute den guten Kompost für sich und die eigenen speziellen Schützlinge in Anspruch nehmen darf. Horst bearbeitet in erster Linie den großen Gemüsegarten an der untersten Terasse, während ich mir hier oben am Haus nur ein winziges Versuchsgärtlein angelegt habe, um dort meine Erfahrungen zu sammeln. Außerdem bin ich dabei, ganz oben am Ende des Grundstücks ein paar Beete anzulegen. Dort allerdings ist reiner Felsen, und man kann nur Gesteinseinbuchtungen mühsam mit Erde und Kompost ausfüllen. Wenn man Glück hat, wächst auch dort etwas, das keinen tiefgründigen Boden verlangt. „Mein Garten ist doch so viel größer als deiner", so argumentiert Horst, wenn es um den begehrten Kompost geht. Mein Argument dagegen lautet: „Dafür stelle ich aber in meinem Gärtlein Versuche an, die letzten Endes

auch auf unseren großen Garten nutzbringend anzuwenden sind!"
„Eins zu null für dich", sagt Horst und überläßt mir diesmal wieder den vollen Eimer.

Abends dann, anstelle von Fernsehen, Radiohören und sonstigen allgemein beliebten Feierabendbeschäftigungen, bewaffnen wir uns nach einer „*dunos*-Tour" mit Brille, Lupe und Pinzette und versuchen beide in einer stillen Ecke mit Engelsgeduld und Hingabe, Hände, Arme und Beine von den Plagegeistern zu befreien. Mitunter sind auch edlere Körperteile befallen, denn auf dem steinigen, abschüssigen Gelände, wo die *dunos* wachsen, kann es durchaus vorkommen, daß man ausrutscht und sich mitten im Dornengestrüpp wiederfindet. Dann ist natürlich Partnerschaftshilfe gefragt.

Am Ausgang des Tages also lecken wir uns die unvermeidlichen kleinen und manchmal auch größeren Wunden der Tagesarbeit, bewundern kurz den aufregend schönen Abendhimmel und begeben uns zufrieden zur Ruhe - wohlwissend, daß uns am nächsten Morgen wieder ein ebenso schöner Tag erwarten wird.

Kontakte und Freundschaften

Schon vor vielen Jahren hatten unsere Vorgänger einen Antrag zur Installierung eines Telefons gestellt, doch seitdem hatte sich in dieser Beziehung nichts getan. Nun aber erschienen eines schönen Morgens im Januar auf unserer Terrasse zwei junge Palmeros leicht amtlichen Charakters, die uns wortreich etwas verkündeten, das wir leider absolut nicht verstehen konnten. Das einzige Wort, das schließlich bis ins Innerste meiner Gehirnwindungen eindrang, war „teléfono". Sofort wollte ich einen Freudentanz auf der Terrasse aufführen, denn im Geiste sah ich mich schon an dem langersehnten Apparat sitzen und aller Welt verkünden, daß wir nun endlich wieder jenem bevorzugten Teil der Menschheit angehörten, der mittels „Strippe" zu jeder Tages- und Nachtzeit erreichbar ist.

Gliseria, die ich durch meine Freudenschreie angelockt hatte, versuchte meinen Enthusiasmus gleich zu dämpfen, indem sie ihr wohlbekanntes „mañana, mañana"[1] erklingen ließ und uns zu erklären versuchte, daß die Herren lediglich wissen wollten, wohin der Telefonmast im Garten gesetzt werden sollte. Wir zeigten ihnen die betreffende Stelle unten an der Straße, und damit war die Angelegenheit fürs erste erledigt.

Nach einigen Wochen jedoch wurde tatsächlich genau an diesem Platz ein großes Loch gebuddelt, was bei unserem „steinreichen" Boden ja nun wirklich keine Kleinigkeit ist. Doch mit der Installation unseres Telefons mußten wir uns wieder einige Zeit gedulden, bis wir eines Tages von Los Llanos nach Hause kamen und neben dem Loch einen Mast liegen sahen. Dieser ließ uns hoffen! Und wirklich, was wir nicht mehr für möglich gehalten hatten, wurde wahr. Nachdem wiederum Wochen ins Land gegangen waren, fanden wir den Mast fein säuberlich aufgerichtet und im Boden verankert, ohne daß wir etwas von den Arbeiten mitbekommen hatten, da die Stelle vom Haus aus nicht einzusehen ist. Und als es schließlich Mai wurde, hatten wir tatsächlich unser Telefon!

Ich war gerade in Deutschland, als das große Ereignis stattfand und erhielt eines Abends den Anruf von einem überglücklichen Horst. Er teilte mir unsere Nummer mit und bat mich, ihn in einigen Minuten anzurufen. Ich wählte aufgeregt mit ganz zittrigen Fingern und

---

[1] mañana = morgen

vernahm eine gänzlich verschlafene *señora*, die mit mir absolut nichts zu tun haben wollte. Was nun? Ich saß wie auf Kohlen, bis nach einiger Zeit ein zweiter Anruf von Horst kam - in meiner Aufregung hatte ich die falsche Nummer notiert. Nachdem wir sie berichtigt und uns auch mehrmals vergewissert hatten, daß nun jede Ziffer an ihrem Platz war, gingen wir beide überglücklich zu Bett mit dem Versprechen, morgen wieder miteinander Verbindung aufzunehmen.

Doch kein Anruf kam, so sehr ich auch lauerte, bis ich selbst die Initiative ergriff und die mir nun schon wohlvertraute Nummer wählte. Doch was war das, kein Anschluß unter dieser Nummer? Die Leitung blieb tot, obwohl ich es immer wieder versuchte. Erst am nächsten Tag erhielt ich endlich die Erklärung: Es war ein Fehler in der Installation aufgetreten, der inzwischen aber behoben war.

Wer in einem Land lebt, wo ein Telefonanschluß zu den selbstverständlichsten Dingen gehört, wird unseren Wirbel vielleicht nicht begreifen können. Zum Lob der hiesigen Telefongesellschaft jedoch muß ich sagen: Seit diesem Tag läuft unsere Anlage ohne jegliche Störung - zu unserer allergrößten Freude.

Bald merkten wir, daß wir mit den vielfältigen Aufgaben in diesem schwierigen Gelände ohne fremde Hilfe nicht fertig wurden, und wir begannen, uns umzusehen. Am liebsten wären uns Einheimische gewesen, damit wir uns gezwungenermaßen mehr mit der Landessprache auseinanderzusetzen hätten. Obwohl die Arbeitslosigkeit auf den Inseln allgemein sehr hoch ist, hatten wir zunächst keinen Erfolg.

Eines Tages jedoch schob ein kleiner, drahtiger junger Mann sein Leichtfahrrad unsere Piste herauf, strahlte uns aus seinen tiefblauen Augen an und fragte, ob er hier richtig sei im *nido de lechuzas* bei Schröder-Lange? Er sei Atanas und würde gerne bei uns arbeiten, solange wir Hilfe benötigten. Am liebsten hätte ich ihn gleich in die Arme genommen. Es stellte sich heraus, daß er Bulgare war, nun aber wie ein freier Vogel lebte, durch die Welt flog, radelte oder segelte und sich mal hier, mal dort für eine Weile niederließ, solange es ihm eben gefiel. Auf diese Weise verdiente er sich mit ein wenig Gelegenheitsarbeit seinen minimalen Lebensunterhalt. Irgendwann packte er dann wieder sein kleines Ränzlein mit den wenigen Habseligkeiten, um weiterzuziehen.

„Woher kommst du denn jetzt?" fragten wir ihn. „Aus Los Llanos", war seine Antwort. „Und willst du in Zukunft mit dem Fahrrad zu uns zur Arbeit kommen?" fragten wir erstaunt. „Was sonst?" entgegnete er. „So habe ich wenigstens ein Ziel meiner Fahrt! Wie oft radele ich die Strecke einfach so zum Spaß ab, als Training für die nächste Olympiade. Da möchte ich nämlich eine Goldmedaille gewinnen!"

Wenn man ihn so ansah, konnte man ihm das auch ohne weiteres zutrauen. Sein athletischer, von der Sonne tiefbraun gebrannter Körper strotzte aus allen Poren vor Kraft und Gesundheit. Wir kamen aus dem Staunen kaum heraus. Noch nie habe ich in meinem langen Leben einen glücklicheren, unabhängigeren und bescheideneren Menschen getroffen. Schnell wurden wir handelseinig, und er versprach, das nächste Wochenende zu uns zu kommen. Es erschien uns sinnvoll, ihn wenigstens zwei Tage hintereinander zu beschäftigen, damit er den weiten und mühsamen Weg, der sich über viele Windungen den Berg hinauf schlängelte, nicht zweimal zu bewältigen hatte. Doch ihm schien dies nicht das Geringste auszumachen. Er nahm alles genau so, wie es kam, machte sich um nichts und niemanden Sorgen, und Dank seiner ungeheuren Muskelkraft und seiner genialen Lebensphilosphie bewältigte er alle Anforderungen spielend.

Einmal hatten wir ihm abends ein Bett in unserem Schuppen zubereitet, da unsere Gästeunterkunft gerade anderweitig besetzt war, doch er lachte nur, als er es sah. „Die Arbeit hättest Du Dir sparen können", meinte er, „ich schlafe immer unter den Sternen!" Mit diesen Worten nahm er sich eine Wolldecke und ein kleines Kissen, legte sich auf die Erde unter den großen alten Mandelbaum, der unsere Gemüseterrasse überschattet, und schlief selig und sanft von Sonnenunter- bis Sonnenaufgang. Noch bevor wir uns die Augen rieben, war er schon wieder an der Arbeit, pfiff ein Liedchen vor sich hin und steckte uns alle an mit seiner unverwüstlichen guten Laune.

In allen Dingen, in denen wir ihn um Rat fragten, wußte er einfache Lösungen anzubieten. Als er sah, wie ich meine frisch pikierten Kohlpflänzchen morgens aus der Sonne holte, da ich es nie anders gekannt und praktiziert hatte, als daß die ganz kleinen Setzlinge in der Sonne welkten und häufig eingingen, meinte er nur: „Warum läßt Du sie nicht? Die Sonne ist gut für sie!" Ich wollte erst absolut nicht auf ihn hören und verteidigte meinen Standpunkt. Er aber legte überzeugend dar, daß er es so immer bei seiner Mutter gesehen habe. Schließlich siegte mein Vertrauen in sein enormes Wissen und seine absolute Naturverbundenheit, und ich ließ die Pflänzchen in der prallen Sonne stehen. Und in der Tat: am Abend sahen sie viel besser aus, als dies bei meinem ewigen Hin- und Hergeschleppe der Fall gewesen wäre.

Auch mit dem Essen gab es mit Atanas keine Probleme; er war dankbar und aß stets, was es gerade gab, mit Vorliebe - wie wir auch - rohe Salate aus dem Garten. Doch auch von solchen Dingen sah er sich nicht abhängig: Was ihm bei seinem nächsten Aufenthaltsort - wo immer der auch sein mag - serviert wird, wird sicher genauso dankbar von ihm akzeptiert.

Wie schade, daß wir bald auf seine Hilfe verzichten müssen. In Kürze besteigt er mit zwei Freunden ein Segelboot, um gemeinsam gen Amerika zu segeln, ein Land, das ihn ungeheuer zu faszinieren scheint.

Ahoi, Atanas, und allzeit guten Wind!

Ohne die vielen Menschen, die uns geholfen haben und denen ich an dieser Stelle herzlich danken möchte, wäre unser Neubeginn überhaupt nicht zu bewältigen gewesen. Da ist zum Beispiel Heinrich, unser Offenbacher Freund, der trotz eigener, vielfältiger Aufgaben immer noch die Zeit für uns fand, wenn wir in Nöten waren, und uns half, wo er nur konnte. Ständig pendelt er zwischen Offenbach, wo er seinen Betrieb führt, und La Palma, wo er eine biologische Apfelsinen-, Bananen- und Avocadoplantage angelegt hat, hin und her. Nun ist er dabei, ein Gästehaus auszubauen, wo Menschen, die an gesunder Lebensführung interessiert sind, in wunderschöner, ruhiger Umgebung Ferien machen und sich erholen können.

Mit der Zeit haben wir all die Helferinnen und Helfer, nach denen wir so lange Ausschau gehalten haben, gefunden, z.B. solche, die uns gelegentlich zu entlegenen Orten fahren, die nicht per Bus erreichbar und für unsere Beine zu weit entfernt sind. Auf ein eigenes Auto wollen wir angesichts unseres Alters und der oft unwegsamen und gefahrvollen Straßen verzichten. Lieber überlassen wir das Auto denjenigen, für die es aus beruflichen Gründen eine unumgängliche Notwendigkeit ist. Angelika und Richard aus Deutschland, die sich hier auch eine eigene *finca* aufbauen möchten, aber noch auf ihre Baugenehmigung warten müssen, erklärten sich bereit, diesen Freundschaftsdienst in der Zwischenzeit für uns zu übernehmen. Da sie schon gut spanisch sprechen, dolmetschen sie auch des öfteren für uns, und somit ist uns gleich in zweifacher Hinsicht geholfen.

Auch einen ausgezeichneten Handwerker fanden wir für unsere Schreinerarbeiten, die im und am Hause unbedingt nötig waren. Wie wir bald erfuhren, stand Meister Meinulf in sehr gutem Ruf. Er hatte mit seinem aus drei Leuten bestehenden Team mit großem Fleiß und deutscher Gründlichkeit einen solch gut funktionierenden Betrieb aufgebaut, daß er sich um Aufträge niemals sorgen mußte. Vor allem löste er unser großes Problem der durch Türen und Fenster eindringenden Wassermassen, wie wir sie ja gleich zu Anfang unseres Aufenthaltes erleben mußten. Daraufhin waren wir beim nächsten Platzregen sehr gespannt - doch ins Haus drang zu unserer großen Erleichterung nichts mehr.

Auch unser Wunsch, Einheimische aus unserer Umgebung zur Hilfe zu finden, ging in Erfüllung. Wir hatten unsere Nachbarin gefragt, ob sie jemanden kannte, und bald darauf kam ihre reizende Tochter Angeles zu uns, die sich als eine zuverlässige, fleißige und flinke Hilfe in Haus und Garten erwies. Auch ihr Mann Segundo springt, wenn es seine Zeit erlaubt, gerne bei allen anfallenden Arbeiten ein. Gerade durch Angeles und Segundo begannen wir allmählich, unsere Scheu vor der ungewohnten Sprache zu verlieren und unseren Wortschatz peu à peu zu erweitern.

Mit Jakob und Rosaline verbindet uns nicht nur das ähnliche Alter, sondern auch eine besondere Freundschaft. Beide sind Jahrgang 1915 und bereits seit gut 13 Jahren hier ansässig. Auch sie wollten zur Sonne, denn: „Auf den Kanaren ist Europa der Sonne am nächsten und der Sternenhimmel noch klar", sagt Jakob.

Auf 13 ar steinigem, noch jungfräulichem Boden schufen sie sich ihr Paradies - ein Nest für ihre alten Tage. Von den Steinen sieht man heute nichts mehr; sie wurden in Terrassen verbaut. Es wurden viele Lastwagen Erde aufgefüllt, und heute bilden siebzig Zitrus- und etliche andere Bäume wie Aprikosen, Avocados, Feigen, Bananen und Mandeln einen dichten, gepflegten Bewuchs. Ihr Sorgenkind ist der viel zu große Gemüsegarten, denn seit die beiden vom Vegetarischen zum „Rohköstlichen" übergegangen sind, sich also direkt aus des Schöpfers Hand ernähren, ist von allem Guten zuviel da. So verschenken sie rundum wie aus einem Füllhorn biogezogene Köstlichkeiten.

Auch den weiten Weg zu uns herauf scheuen sie nicht, um uns von ihrem Segen abzugeben und zu schauen, wie es uns wohl geht und ob wir Hilfe nötig haben. Jakob ist Unternehmer gewesen und

ist es bis heute geblieben. Er steckt immer voller Ideen, die er mit Schwung und Elan verwirklicht, z.B. das Trocknen von Früchten, vor allem Feigen und Bananen. Diese Früchte fallen im Sommer auf der Insel in so großen Mengen an, daß sie unverkäuflich sind. Jakob baute mit Sonnenenergie betriebene Trocknungsanlagen, in denen die Früchte im geschlossenen Warmluftwirbel konserviert werden. Die Temperatur ist auf 45° C fixiert. Das ist wichtig, denn darüber beginnt das Eiweiß zu gerinnen, so daß die Keimfähigkeit verloren geht und es sich nicht mehr um eine lebende Frucht handelt. Innerhalb von 24 Stunden sind die Bananen auf ein Fünftel des Rohgewichts geschrumpft, werden in Beutel gepackt und exportiert oder an heimkehrende Urlauber als Mitbringsel verkauft.

Jakob und Rosaline sind für mich ein Musterbeispiel dafür, wie man auch im fortgeschrittenen Alter das Leben noch mit äußerst sinnvollen und nutzbringenden Inhalten füllen kann.

Erzählen möchte ich auch von Professor Anton Schneider, dem Leiter des *Instituts für Baubiologie und Ökologie* in Neubeuren, Oberbayern. Professor Schneider hat hier seine zweite Heimat gefunden. Er bezeichnet unsere grüne Insel als Paradies in ihrer Ursprünglichkeit. Es ist ihm ein besonderes Anliegen, daß auf La Palma ökologische und baubiologische Erkenntnisse beachtet werden. Da es damit hier noch sehr im argen liegt und auch unsere Bleibe in dieser Hinsicht viele Mängel aufweist, war er öfter bei uns, um uns zu beraten, wie wir nachträglich mit nicht zu aufwendigen Mitteln Abhilfe schaffen können. Das Beste wird sicherlich die solarbetriebene Warmwasserbereitung für uns sein, die demnächst installiert werden soll. Mehr noch als über die eventuell zu erwartenden Einsparungen freuen wir uns über die Tatsache, daß es neuerdings sogar Subventionen für solche Unternehmen gibt - ein Zeichen dafür, daß auch in den Behörden die Bereitschaft für ein Umdenken in ökologischen Dingen wächst.

Wenn ich an die Menschen denke, die uns das Eingewöhnen in der schwierigen Anfangsphase sehr erleichterten, darf ich auf keinen Fall Jens vergessen. Er stand eines Tages in unserer Auffahrt, öffnete die hintere Klappe seines Autos und stellte eine Kiste mit Apfelsinen vor uns hin, als wäre dies das Selbstverständlichste auf der Welt. „Ich habe gehört, daß dort oben jenseits des großen *barrancos* zwei alte Leutchen eingezogen sind, ohne Auto, ohne Telefon, die sich so mühsam ernähren müssen, solange ihr Garten noch nicht in Schuß ist. Die Früchte hier sind Bio-Obst. Sie entsprechen nicht ganz der Norm und sind deshalb unverkäuflich, aber zum Wegwerfen viel zu schade. Da dachte ich mir, ich bringe sie Euch her!" Wir brachten kaum den Mund zu vor Überraschung und Freude. Sofort kam mir in den Sinn, was ich kürzlich in einer Zeitung gelesen habe: Acht Millionen Tonnen Obst und Gemüse wurden vernichtet, damit die Preise hochgehalten werden konnten!

Hier ist sie also noch nicht ausgestorben, diese selbstverständliche Menschenfreundlichkeit unter unseren Landsleuten und den Einheimischen.

Und plötzlich weiß ich, warum ich hier so glücklich bin, trotz der harten Arbeit, der Strapazen und auch der Enttäuschungen, die uns das Leben manchmal ganz schön schwer machen. Es ist keineswegs nur die gute Luft, die Sonne und all die Naturschönheit um uns herum. Man nimmt sich Zeit füreinander und geht mehr aufeinander ein, obwohl alle - wie ich genau weiß - ihr Päckchen zu tragen haben. In den Häuserschluchten unserer Städte ist dieses Verhalten weitgehend verlorengegangen. Dort zählt man nur noch als Konsumentin oder Konsument. Hier jedoch ist noch etwas von der Wärme und der Menschenfreundlichkeit aus alten Zeiten erhalten geblieben.

Heute ist Montag, meine Hausarbeit ist schnell verrichtet, doch bevor es in den Garten geht, wollen wir noch ins Dorf zum Einkaufen, da unsere Lebensmittelvorräte wieder einmal zur Neige gehen. Zudem wollen wir uns auch auf der Post erkundigen, ob etwas für uns eingegangen ist.

Die Post bekommt man hierzulande nämlich nicht zugestellt. Vielmehr fragt man persönlich nach und bekommt ein ganzes Packet Briefe und Karten in die Hand gedrückt. Nun kann man selbst aus dem, was in der letzten Zeit in diesem Distrikt eingetroffen ist, in aller Ruhe aussuchen, was passend erscheint. Einmal hatte ich keine Brille bei mir und stellte zuhause fest, daß ich etwas eingepackt hatte, was mir gar nicht gehörte; Horst brachte es bei seinem nächsten Gang ins Dorf wieder zurück. Da braucht sich niemand zu wundern, wenn einmal etwas verlorengeht oder erst nach Wochen an die richtige Adresse gelangt. Darüber regt sich hier niemand auf - und wir haben uns ebenfalls längst daran gewöhnt, es auch nicht zu tun.

Immerhin sind die Postgebühren hierzulande auch bedeutend niedriger als anderswo!

So wandern wir die Straße entlang, die uns heute allerdings seltsam unbelebt erscheint. Im Ort angekommen finden wir alle Türen verschlossen; Feiertagsstimmung liegt über dem sonst recht geschäftigen Flecken. Wir versuchen es zunächst im Supermarkt und dann auf der Post, aber vergeblich: die Türen sind verriegelt. Was nun? Wir stehen ratlos herum. Unser Kalender hatte keinen Feiertag ausgewiesen. Vorsichtshalber schauen wir vor einer Versorgungstour immer nach, denn schließlich wissen wir inzwischen, daß die Palmeros gerne feiern und daß jeder Ort so seine spezifischen Festtage hat. Zum Glück sehen wir Francesco an seinem Auto herumwerkeln, und ich gehe hin, um ihn zu fragen, was ich sonst gerne vermeide. Er ist zwar ein äußerst liebenswerter und hilfsbereiter Mensch, doch muß man sich immer viel Zeit für ihn einräumen. Er gehört nämlich zu den Leuten, die, wenn man sie fragt, wie spät es sei, gleich erläutern, wie die ganze Uhr funktioniert - und das bis ins kleinste Detail!

Heute aber kamen wir gut davon; er hatte es wohl selbst eilig. Natürlich wußte er Bescheid: „Ja", sagte er, „gestern war doch Sonntag, aber außerdem auch ein Feiertag. Da muß die *fiesta* doch nachgeholt werden, damit niemand zu kurz kommt!" Ein verständliches Argument - zugegeben. Aber wie kommen wir jetzt zu unseren benötigten Lebensmitteln?

„Wir haben ja noch ein paar Chayoten im Garten", tröstete ich Horst, „und außerdem können wir ja unterwegs noch ein paar *dunos* sammeln, das muß dann eben für heute reichen."

Wie sagte schon Schiller: „Der Mensch braucht wenig und an Leben reich ist die Natur!" Sehr begeistert von meinem Vorschlag schien Horst zwar nicht gerade zu sein, aber schließlich beluden wir uns mit den praktischen kleinen Obstkistchen, die hier stets vor den Läden zum Mitnehmen stehen und für die wir immer vielerlei Verwendung finden, und zogen heimwärts. Unterwegs füllten wir unsere Rucksäcke noch mit den immer willkommenen *dunos* und waren bald wieder zuhause, um an die Tagesarbeit zu gehen.

Horst nahm heute ausnahmsweise an seinem Schreibtisch Platz, während ich es eilig hatte, in mein Versuchsgärtlein hinter dem Hause zu kommen, das ich mit einem Eidechsenzaun einfrieden wollte. Vorher, das habe ich nach vielen, schmerzvollen Versuchen eingesehen, hat es absolut keinen Zweck, dort etwas einzupflanzen. Diese Barriere ist für die flinken Räuber uneinnehmbar, denn der Zaun ist sehr glatt, so daß sie abrutschen, und auch so hoch, daß sie ihn nicht überspringen können. Tagelang hatte ich damit zugebracht, das kleine Stückchen Erde von kleinen und großen Steinen zu befreien, damit der Zaun auch tief genug in den Boden gebracht werden konnte.

Frohgemut ging ich ans Werk. Ein gutes Stück hatte ich auch schon eingefaßt, da stieß ich auf einen gewaltigen Steinblock. Was nun? Zu gerne wollte ich meine Arbeit heute auch beenden, warteten meine Pflänzchen doch schon so lange darauf, endlich eingesetzt zu werden. Horsts Hilfe wollte ich aber nicht in Anspruch nehmen, da dieser über seiner Steuererklärung saß und man die Männer bei dieser Arbeit am besten ungestört läßt.

Das weiß ich noch gut von meiner Kinderzeit her, wenn mein Vater schon wochenlang, bevor die Sache anstand, mit umwölkter Stirn durchs Haus ging. War es dann endlich so weit und mit dem besten Willen nicht mehr länger aufzuschieben, schlichen wir Kinder auf Zehenspitzen durch die Wohnung, denn Mutter hatte uns schon am Morgen geweckt mit der Mahnung: „Kinder betet, Vater macht die Steuererklärung!"

Also war Selbsthilfe gefragt. Das war auch gar nicht so schlimm - im Gegenteil! In letzter Zeit hatte ich mit großem Vergnügen festgestellt, daß sich meine ehedem recht mickrigen Arme durch die schwere körperliche Arbeit zusehends zu brauchbaren Handwerkszeugen entwickelt haben, und darauf war ich mächtig stolz!

Ich holte mir also eine Brechstange und eine Spitzhacke und versuchte, den Koloß von der Stelle zu bewegen. Nach einigen Versuchen tat er es zu meiner großen Freude auch wirklich - nur leider nicht ganz in der von mir beabsichtigten Richtung. Er kippte genau dorthin, wo sich mein rechter Zeigefinger befand, den ich nicht schnell genug in Sicherheit bringen konnte. Hier halfen auch keine eilends aufgelegten Comfreyblätter mehr - der Nagel war ab. Ich konnte noch von großem Glück sagen, daß sonst noch alles dran war, wenn auch böse mitgenommen.

Ob Horst mich gelobt hat wegen meiner Rücksichtnahme auf seine Steuererklärung? Seine Hilfe hätte vielleicht 10 Minuten in Anspruch genommen, doch nun wird er wochenlang Küchendienst zu leisten haben, bis meine Hand wieder richtig zu gebrauchen ist. Vielleicht ist mein Grundsatz, keine fremde Energie zu erbitten, wenn ich meine eigene einsetzen kann, nicht in jedem Falle ganz richtig...

Aber immerhin - auf diese Weise kommt man als geplagte Hausfrau auch einmal zu Feiertagen!

Über das Mulchen

Wenn ich heute von meinem Schreibplatz aus in den Garten hinunterschaue, überkommt mich doch ein gewisser Stolz, was wir da aus kümmerlichen Anfängen geschaffen haben. In erster Linie ist dies Horsts Verdienst; mein Arbeitsplatz war meist hier an der Schreibmaschine, wobei es mich oft erhebliche Überwindung gekostet hat, daranzubleiben.

Im folgenden möchte ich Ihnen einen kleinen Überblick darüber geben, mit welchen Schwierigkeiten wir in der ersten Zeit konfrontiert waren und welche Lösungen wir jeweils gefunden haben. Einige unserer - teilweise recht schmerzhaften - Erfahrungen auf der Insel mit dem Gärtnern im allgemeinen und dem Mulchen im besonderen sind sicherlich auch auf die Verhältnisse in Deutschland übertragbar, da die Unterschiede gar nicht so groß sind, wie wir am Anfang dachten.

Mulchmaterial

Als wir ausforsteten und eine Menge Bäume und Äste anfielen, war es eine große Erleichterung, daß unser guter Helfer Henk gleich seinen Schredder mitbrachte und alles an Ort und Stelle zu gutem Mulch verarbeitete. Besonders die Baumscheiben profitierten davon, die bislang bei Mulch- und Kompostgaben zu kurz gekommen waren. Grundsätzlich kann mit fast allem gemulcht werden, was organischer Natur ist und in der jeweiligen Gegend anfällt. Selbstverständlich eignet sich das eine oder andere Material mehr oder weniger gut. Für unseren Garten hier kamen eine ganze Menge neuer und unbekannter Substanzen hinzu, aber als gänzlich ungeeignet hat sich bis jetzt nichts erwiesen.

Die Beschaffung des Mulchmaterials war im Gegensatz zu allem, was wir vorher gehört hatten, gänzlich problemlos. An einigen Stellen in unserem Garten sind nahezu richtige Wiesenflächen entstanden, die eine höchst willkommene Ergänzung für den Mulchbedarf darstellen. Neben Taubnesseln gibt es viel Löwenzahn, der sich hierzulande zu meterhohen Bäumen entwickelt, in gewaltigen Blütenbüscheln üppig gelb leuchtet und bitter schmeckt. Sehr freue ich mich auch über die Kapuzinerkresse mit ihrem gewaltigen Blütenflor, die sich - durch keinen Frost gehindert - immer wieder selbst aussamt und riesige Flächen bedeckt.

So haben wir jetzt Mulchmaterial in Hülle und Fülle. Da unser Garten wohl lange nicht mehr richtig bewirtschaftet worden war, hat sich mancherorts eine undurchdringliche Wildnis gebildet - eine Wildnis aus Geranien, Oleander, Hibiskus, Bougainvillen und unzähligen Sukkulentenarten, die zum Teil wunderschön blühen und auch Früchte tragen wie der Feigenkaktus. Während diese Pflanzen in Deutschland mühsam herangezogen, gehegt und gepflegt werden, ist man hier fast schon geneigt, sie als „Unkraut" zu bezeichnen, wenn sie sich gar zu undurchdringlich ausbreiten. Andererseits sind sie eine solche permanente Freude, ein immerwährendes Entzücken für uns, daß es mir immer noch schwerfällt, sie einfach auszurupfen, um sie auf den Mulchberg zu werfen. Ob sie wissen, welch guten Zweck sie damit erfüllen und welch wichtige Funktion sie in unserem Garten haben?

Die dünne Schicht Erde, die sich wohl langsam im Laufe der Zeit um das Lavagestein gebildet hat, muß man mühsam zwischen den Steinen hervorlocken, damit überhaupt erst einmal etwas gepflanzt werden kann. Am Anfang passierte es mir, daß ich mit der geöffneten Samentüte in der Hand in den Garten ging, voller Hoffnung und Erwartung, nun in Kürze allerlei Nahrhaftes sprießen zu sehen. Am Abend dann wurde die geöffnete, aber noch genauso gefüllte Tüte wieder mit ins Haus genommen. Neben meiner winzigen Arbeitsstelle aber türmte sich ein riesiger Steinhaufen. Immerhin ist es uns jedoch gelungen, auf diese mühsame Weise dem Boden allerlei anzuvertrauen: Möhren, Spinat, Radieschen, Pflücksalat, Rettich und dazu eine Menge Kürbisse, da diese hier zu unserem Hauptnahrungsmittel gehören und sie uns erfolgversprechend zu sein scheinen.

Gründünger

Der Gelbsenf, den wir zur Aufbesserung des Bodens und zur Bedeckung gesät haben, war schon nach einigen Tagen aus der Erde gesprossen - das erste, selbstgesäte Grün! Sicher werden wir in Zukunft noch viel mehr auf Leguminosen zurückgreifen, wenn mit fortschreitender Jahreszeit und Hitze anderes Pflanzenmaterial als Mulch knapper wird. Grün-Dung hat ja bekanntlich viele Vorteile, und wir freuen uns, daß wir im Reisegepäck einiges mitgebracht haben. Er bringt Stickstoff in den Boden und lockert ihn auf, was hier bei uns besonders wichtig ist. Auch Spinatsamen hatten wir uns in größeren Mengen mitgebracht, um ihn als Gründünger und schnellwachsende Bodendecke einzusetzen, doch leider schlugen die Versuche damit fehl. Wir sahen ihn zwar gerade noch an manchen Stellen keimen, doch dann machte sich irgendwas oder irgendwer darüber her. Kapuzinerkresse eignet sich als Gründüngungspflanze hervorragend, weil sie durch ihre langen, bis 1,50 m langen und verzweigten Wurzeln viel organisches Material bildet, woraus die Würmer, nachdem die Pflanzen abgestorben sind, Humus erzeugen.

Bodenbeschaffenheit
Die Analyse einer Bodenprobe aus unserem Garten ergab:
pH-Wert: 7,3
Kalkzustand: hoch
Gesamte organische Substanz: 7,4 %
Auswertung Phosphat: hoch
Auswertung Kali: sehr hoch
Kommentar: In der von Ihnen übersandten Probe einer „Muttererde" haben wir für eine als „humoser sandiger Lehm" mittelschwere Bodenart einen sehr hohen pH-Wert (Kalkgehalt) festgestellt. Weitere Kalkungen und auch eine Verwendung sonstiger kalkhaltiger Dünger sollten daher unbedingt unterbleiben. Die ermittelten Nährstoffgehalte liegen relativ hoch, so daß weitere Düngungen in mineralischer oder auch organischer Form etwas sparsamer als praxisüblich erfolgen sollen.

Durch die ständige Bearbeitung, hauptsächlich mit Sauzahn oder Grabegabel, lockerte sich die Bodenstruktur, insbesondere aufgrund der Zugabe von reichlichen Mengen Lavasand, der hier in der Hauptsache vorkommt. Das Mulchen mit allen erreichbaren Materialien verhinderte die Verkrustung der Oberfläche und die starke Verdunstung. Mit Kompostgaben, die so reichlich wie irgend möglich waren, wurde die Erde angereichert. Bei zunehmender Bodenverbesserung stellten sich in immer größerer Zahl Regenwürmer und andere nützliche Bodenlebewesen ein.

Schädlinge
Inzwischen haben wir gelernt, die ärgsten zu orten. Anfänglich bereitete uns dies fast den größten Kummer, daß wir oft nicht wußten, wer eigentlich die Übeltäter waren und daher auch keine gezielten Abwehrmaßnahmen treffen konnten.
Eidechsen, mit die schlimmsten Räuber, halten wir durch einfache, gewellte Kunststoffzäune, die um die gefährdeten Beete in die

Erde gesteckt werden, fern. Mehrere Katzen, die wir am Haus halten, reduzieren sie auf natürliche Weise auf ein tragbares Maß.

Kohlweißlinge, die hier fast das ganze Jahr hindurch fliegen, versuchen wir durch das Versprühen der bekannten Pflanzenjauchen oder -brühen (Tomatengeizlinge, Wermut, Rainfarn) fernzuhalten. Es gelingt nicht immer, da wir von diesen Pflanzen noch nicht genügend zur Verfügung haben. Dann müssen die Raupen an den Blättern abgesucht werden.

Erdraupen/Eulenfalter (*noctuidae*) bereiten uns zur Zeit am meisten Ärger. Wie der Name sagt, verkriechen sie sich in der Erde an den Wurzeln der Pflanzen (hauptsächlich am Kohl), wo sie natürlich nur schwer dingfest gemacht werden können. Da die im Handel befindlichen biologischen Spritzmittel gegen Raupen nicht helfen, sind wir weiterhin auf der Suche nach einer effektiven Maßnahme.

Schnecken stellen hier nicht so ein großes Problem dar wie in manchen Gegenden Deutschlands. Sie werden durch einfache Methoden wie das Auslegen von alten Brettern oder Säcken, unter denen sie sich tagsüber verkriechen, im Zaum gehalten. Dennoch planen wir die Errichtung von Hochbeeten, die sich in unserem Garten in Deutschland so vortrefflich bewährt haben. Sie sollen hier nicht nur eine Schneckenabwehrkante, sondern auch einen Eidechsenzaun erhalten und uns so den Anbau von sehr gefährdeten Gemüsen wie Salat, Kohl und Kohlrabi problemlos ermöglichen.

Die **Mittelmeerfliege** (*mosca de oceaneum*) ist in diesen Breiten eine ganz große Plage, da sie fast die gesamte Pfirsich- und Aprikosenernte vernichtet. Viele dieser leckeren Früchte wachsen in unserem Garten heran, doch können wir nur einen Bruchteil davon ernten, hauptsächlich von der zweiten Fruchtfolge, die im Frühjahr heranreift und offensichtlich nicht von der Fliege heimgesucht wird. Bis jetzt haben wir von keiner befriedigenden Lösung gehört. Bei mancherlei Obst oder Gemüse bleibt als Ausweg nur das Ausweichen auf weniger gefährdete Sorten.

Eokomit

Seit neuestem haben wir einen sehr vielversprechenden Versuch gestartet. Wir erfuhren, daß es auf der Insel eine Möglichkeit gibt, von einer Pilzzuchtfarm Stroh als Mulchmaterial zu kaufen. Bereits der Anblick dieses gelben, mir von Deutschland her so vertrauten Mulchs war mir eine große Freude. Dann machten uns Bekannte mit Eokomit bekannt und überließen uns auch gleich die erforderliche

Menge für unseren Versuch. Es handelt sich hierbei um ein biologisches Produkt der Bodenschutzstelle Dr. Holzinger in Wien. Nach Dr. Holzingers Devise, die auch ich mir schon lange zu eigen gemacht habe, ist Bodenschutz gleichbedeutend mit Menschenschutz, und so entwickelte er ein Produkt, das auf Verbesserung und Entgiftung des Bodens ausgerichtet ist. Es hat viele gute Eigenschaften, die in einer Broschüre zusammengefaßt sind. Hier einige Auszüge:

Mit Eokomit werden alle verrottbaren Abfälle aus Küche und Garten in kürzester Zeit und ohne Umsetzen zu einem nach Walderde duftenden Humus kompostiert. Der Eokomit-Humus sowie die in ihm enthaltenen Huminsäuren wirken gesteinslösend, wodurch mineralische Nährstoffe wie Phosphor, Kalium, Magnesium usw. im Boden in meist ausreichender Menge gelöst werden. Bodenmüdigkeit und Bodenkrankheiten wie Nematoden, Asternwelke, Grauschimmel, Krautfäule, Kohlhernie, Schwarzbeinigkeit, Pilzkrankheiten usw. werden mit Kompost oder durch Gießen mit der Eokomit-Lösung erfolgreich behandelt.

Mit großer Freude konnten wir im Laufe des letzten Jahres feststellen, daß sich auch auf La Palma der biologische Gartenbau durchzusetzen beginnt und immer mehr Betriebe nach diesen Prinzipien anbauen. So können wir den etwas kargen und eintönigen Mittagstisch aufbessern, wenn der eigene Garten noch nicht genügend zu liefern imstande ist.

Mulchen in Übersee
Ein langgehegter Wunsch von mir ist es, einmal „über den Zaun" zu schauen, um zu sehen, wie in anderen Teilen der Welt gegärtnert und natürlich auch gemulcht wird. Ganz oben auf der Liste stand seit langem - wie könnte es anders sein - der Garten von Ruth Stout in Connecticut, USA. Sie ist mein großes Vorbild, und ihr Buch *Mulch - Gärtnern ohne Arbeit* hatte mich vor Jahren inspiriert, es ihr gleichzutun.

Auch Masanobu Fukuoka, den großen japanischen Bauern und Philosophen, würde ich gerne besuchen, um von ihm zu lernen.

Doch nun wurde all diesen Wünschen durch den mühsamen und arbeitsreichen Aufbau unseres eigenen Gartens auf La Palma ein Riegel vorgeschoben, so daß an solche Reisen überhaupt nicht mehr zu denken ist.

Um so größer ist meine Freude, daß mir mein Freund Joachim Fuhrmann einen interessanten Beitrag über Mulchpraktiken in tropischen Ländern zur Verfügung stellte. Joachim Fuhrmann hat lange in Brasilien gelebt und konnte entsprechende Einblicke in die dortigen Verhältnisse gewinnen. Bereits als Kleinkind konnte er in Costa Rica, wo sein Vater eine Kaffee-*finca* verwaltete und bewirtschaftete, die Praxis des Mulchens beobachten und verinnerlichen.

Und hier nun sein Bericht:
Auch in tropischen und subtropischen Regionen wurde die Bedeutung des Mulchs dort, wo ein Umdenken hin zur organischen Wirtschaftsweise stattgefunden hat, erkannt. Stellvertretend für zahllose organische Betriebsinitiativen sei hier die **Finca Irlande** *in Mexico, Lieferantin für Demeter-Kaffee, erwähnt. In diesem Betrieb werden von den Schattenbäumen im Rhythmus der Vorreifezeit des Kaffees ganze Astpartien abgeschlagen, von denen dann das belaubte Schwachholz als Mulch zwischen die Kaffeereihen verteilt wird. Auch die biomasseträchtige Bananenstaude nimmt in tropischen und subtropischen Regionen als Mulchspenderin eine herausragende Stellung ein. Auf der biologisch-dynamisch bewirtschafteten Bananen- und Avocadokultur auf Teneriffa kommt dies deutlich zum Ausdruck: Hier werden die Mutterpflanzen der abgeernteten Bananenstauden vorwiegend als Mulch zur Bodenbedeckung und -verlebendigung verwendet. Zusätzlich dazu werden auf die ausgestreuten Mist- und Kompostgaben Kiefernadeln als dauerhafter und langsamer verrottender Mulch aufgebracht. Sie stammen aus den von Forstbehörden angelegten Brandschutzschneisen.*
Bei einem Projekt im Staat Bahia, Brasilien, bei dem es darum geht, tropischen Regenwald als Kultursystem wieder zu pflanzen, wird mit Methoden der organischen Wirtschaftsweise eindeutig die Machbarkeit der Wiederaufforstung von Regenwald in tropischen Klimaten unter Beweis gestellt. Bereits nach gut vier Jahren war der ursprünglich kahle, degradierte Boden von Pflanzenabfall wieder dicht bedeckt. Die wichtigste Pflanzenart zur Produktion von Mulchmasse für die Bodenbedeckung war auch hier die Bananenstaude.
Ein weiteres tropenklimatisches Projekt in Brasilien sei hier etwas ausführlicher beschrieben. In diesen feuchtheißen Klimaten sind die Böden, soweit sie - als Folge menschlicher Eingriffe -

nicht von Gras, Buschwerk oder Wald bedeckt sind, extremen Wetterverhältnissen ausgesetzt. Sintflutartige Niederschläge wechseln sich mit sengender Sonneneinstrahlung ab, und zusammen mit der Heftigkeit mancher Winde sind somit die Voraussetzungen für die Verarmung, Verkarstung und Zerstörung oberflächenungeschützter (jedoch kultivierungsfähiger) Böden gegeben.
Nun hatten sich einige Menschen zusammengefunden, um auf der Grundlage jahrhundertelang gepflegter Praktiken darüber nachzudenken, wie diese vernachlässigte Erde gerettet und wiederbelebt werden könnte. Um gleichzeitig auch die bedrohten Sozialstrukturen in den verlassenen ländlichen Regionen erhalten zu können, wurden kleine und mittelständische Landwirtschaftsbetriebe gegründet. Der entscheidende Impuls jedoch war die „grüne Düngung" - ein sinnvolles Integrieren von Lebendzäunen, -deichen und -hecken als unerschöpfliches Reservoir der benötigten Mulchmengen.
In Brasilien wurde eine Aktion ins Leben gerufen, die durch gleichgesinnte Menschen koordiniert und gefördert wurde. Die Bewegung erstreckt sich netzwerkartig auf elf brasilianische Bundesstaaten. Der pflanzliche Hauptakteur ist ein schnell wachsendes Leguminosengehölz namens **leucaena leucocephala**.

Phase 1: Die Aufzucht der Leucaena-Zäune als Pionierkultur
Die Leucaena ist ein im Jugendstadium noch langsam heranwachsender laubreicher Busch, der schon in den ersten 10-14 Monaten gut 2 m hoch wird und sich dann bald zum Baum wandelt. Die Saat erfolgt zweireihig direkt ins Land entlang den Höhenlinien. Zwischen den Reihenpaaren liegen als Streifen die zukünftigen Kultivierungsflächen, die später bei Heranwachsen der Leucaena-Lebendzäune zu Kleinklimazonen werden und gegen Wind- und Wassererosionen geschützt sind. Da diese Leguminosenart sowohl tief- als auch flachgründig recht agressiv wurzelt, bietet sie bei Hanglagen Widerstand gegen schwemmende Bodenversetzungen. Dieser Schutz wird darüber hinaus durch Gräben unterstützt, die ca. 30 cm tief ausgehoben werden und hangaufwärts entlang den Leucaena-Reihen als Regensammler verlaufen. Da diese Gräben ständig neu ausgehoben werden müssen, kann der anfallende Grabenaushub nach und nach zwischen die jungen Leucaenapflanzen aufgebracht werden, so daß in der Folgezeit ein kombinierter „Lebendzaun und -deich" entsteht,

ähnlich den Knicks in Norddeutschland. Mit diesen Pioniermaßnahmen ist zugleich die erste Grundlage für eine Lebendvernetzung von Lebensräumen durch Verheckung geschaffen.

Phase 2: Die Mulchernte
Bereits nach gut einem Jahr beginnt die erste Mulchernte. Ab einer Wuchshöhe von 1,5 m wird das grüne und sehr proteinhaltige Buschwerk gekappt und flächendeckend auf die Kultivierungsflächen aufgebracht; bisweilen wird es auch flach eingearbeitet. Bald danach sind die Schnittmengen derartig umfangreich, daß neben der flachen Einarbeitung von Grünmasse nun auch der eigentliche Mulchvorgang einsetzen kann, der von Mal zu Mal intensiver wird.

Phase 3: Gewinnung von Viehfutter
Sobald die Lebendzäune und -deiche erwachsen sind, fallen im Rhythmus von 2-3 Monaten neben dem für den Mulch bestimmten Schnittgut so viele Grünmassenreserven an, daß auch Viehhaltung (bei Zufütterung anderer Futtermittel) betrieben werden kann. Zusätzliche Nebenprodukte in diesem Vegetationsstadium der Leucaena sind Brennholz sowie Astmulch, der sowohl zwischen die Leucaena-Stämme zwecks Langzeitverrottung verteilt wird als auch beim Haus- und Hüttenbau Verwendung findet. Im Vordergrund jedoch steht bei der Anlage der Leucaena-Kultur stets der Mulcheffekt: sowohl als Schutz gegen direkte Sonneneinstrahlung, Bodenaustrocknung, Bodenverdichtung und Wildkräuterwuchs als auch zur Förderung des Bodenlebens und der Bodengare und somit der Fruchtbarkeit des Bodens.

Phase 4: Flächen- und Furchenterrassen bei Hanglagen
Um der erodierenden Wirkung der im allgemeinen intensiven Niederschläge entgegenzuarbeiten, wird bereits im ersten Jahr der Jungkulturen durch Hangabwärtshacken eine sich kontinuierlich bildende Flächenterrasse gebildet. Der obere durch Abwärtshacken eigentlich belastete Kultivierungsstreifen ist keineswegs der Verarmung ausgesetzt, da das intensive kontinuierliche Mulchen den Oberflächenausgleich schafft. Das sonst übliche mühsame Schichten von Steinen und Blöcken erübrigt sich, da die Lebendzaun-Deiche die Aufgabe der dicht durchwurzelten Barriere oder auch Böschung bereits übernommen haben. Die bei

der Terrassierung entstehende steil abfallende Böschung hangabwärts wird mit flachwurzelnder Viefutterkultur sowohl genutzt als auch befestigt, wozu auch andere Früchte, z.B. Ananas oder tiefwurzelnde mehrjährige Leguminosen, beitragen.
Die Furchenterrassierung hingegen entsteht stufen- oder auch furchenartig je Kulturpflanzenreihe. Um jede Pflanze wird halbmondförmig gestreut, und zwar oberhalb der Pflanze hangaufwärts mit leichten, aber laufenden Humusgaben, sowie hangabwärts durch Aufbringung reichhaltiger Mulchkragen, die sich im Zuge der Verrottung (die im Gegensatz zu unseren gemäßigten Klimaten recht stürmisch verläuft) zu einem humusreichen Schüsselrand verdichten und somit zugleich einen Feuchtepuffer bilden. Diese Technik ist für die Arbeitsweisen bei einer Reihe organisch geführter tropischer und subtropischer Unternehmen mit Hanglagen besonders typisch.

Die überragende Bedeutung strauch- und baumartiger Leguminosenarten - im vorliegenden Falle der Leucaena, aber auch anderer Leguminosenarten für höhere Bergregionen - als mulchspendende Pflanze für verarmte oder tote Böden ist eine unübersehbare Tatsache. Auch die Tatsache, daß die Leucaena sehr aktiv wurzelt und sich rasch ausbreitet, kann ihre Bedeutung nicht wirklich einschränken. Zudem bieten sich Gegenmaßnahmen gegen den konkurrierenden Wurzelvormarsch der Leucaena in Form von mechanischer Bodenbearbeitung an (Tiefpflügen im Randbereich der Windhecken und wehrhafte Randkulturen oder durch Belassung der oben erwähnten Regenwassergräben durch regelmäßigen Humusaushub).
Mulch als Chance, als Rettung für Forst, Garten- und Landbau?
Vor dem Hintergrund weltweit zurückgehender Ressourcen und der verheerenden Folgen der Mechanisierung und Chemisierung der Forst- und Landwirtschaft ist das Mulchen eine Alternative, die nicht ernst genug genommen werden kann. Gleichzeitig besteht hierin besonders für die heißfeuchten Klimaregionen unseres Planeten eine Chance, und das zum Fast-Nulltarif. Letztlich geht es um eine Bewußtseinswandlung aus Veranwortung und Ehrfurcht gegenüber dem Leben, wie sie uns in Übersee durch die indianische Lebens- und Weltbildsicht vorgelebt wurde.

Nun werden sich manche vielleicht fragen: „Gut, aber was haben diese Dinge mit mir und meinem Gärtlein zu tun?" Abgesehen davon, daß die Probleme der Bodenmüdigkeit - Erosion und Verarmung - weltweit anzutreffen sind und überall nach Gegenmaßnahmen verlangen, können die immer stärker auftretenden Klimaverschiebungen bald auch in den sogenannten gemäßigten Zonen ähnliche Konsequenzen haben wie in den tropischen und subtropischen Gebieten. Darüber hinaus steht fest, daß durch das Arbeiten auf biologischer Basis niemals Schäden in einem Ausmaß entstehen können, wie sie in der Vergangenheit durch lebensfeindliche Praktiken wie den Chemieeinsatz verursacht wurden.

Mulchen ist ein Vorgang, der der Natur abgeschaut wurde. Überall auf der Welt, wo es Erde und Wachstum gibt, können wir diesen Vorgang beobachten und unser eigenes Handeln darauf abstimmen.

Bananenanbau

Der biologische Gedanke ist auf den Kanarischen Inseln leider noch nicht so verbreitet, wie das mittlerweile in der alten Heimat der Fall ist. Die Giftmixerei hat Hochkonjunktur, und die Ausbreitung von Pflanzenkrankheiten und Schädlingen ist vorprogrammiert: Um der drohenden Wasserverknappung entgegenzuwirken, werden die Früchte auf vielen Bananenplantagen bereits unter Kunststoffzelten gezüchtet. Während der Wasserbedarf auf diese Weise verringert wird, erhöht sich dagegen die Anfälligkeit der Füchte gegen Viren und andere Krankheiten. Abgesehen davon, daß die Landschaft weiter verunstaltet wird, muß daher vermehrt zum chemischen „Pflanzenschutz" gegriffen werden.

Ein Teufelskreis!

In der Regel werden alle Zitrusfrüchte mit Konservierungsstoffen behandelt, was gekennzeichnet werden muß. Nahezu alle Bananen, die auf den Markt kommen, werden aber darüber hinaus auch mit anderen Stoffen behandelt, u.a. mit Thiabendazol, das nicht zu den harmlosen Mitteln zählt. Da jedoch niemand die Schale einer Banane ißt, so wird argumentiert, besteht hier kein Grund zur Kennzeichnungspflicht. In der Regel aber dringen ein Siebtel bis ein Viertel der verwendeten Gifte in die Frucht ein. Da gerade Kleinkinder oder auch Babies Bananen mit Vorliebe verzehren, wäre es immens wichtig, unbehandelte Früchte kaufen zu können. Dies jedoch ist in den meisten Fällen - selbst hier auf der „Bananeninsel" - wenn nicht unmöglich, dann doch mit großen Schwierigkeiten verbunden.

Das bis jetzt noch reichliche Wasservorkommen war einer der Gründe, warum wir uns gerade für La Palma, die „Grüne Insel" oder „Insel des ewigen Frühlings" entschieden haben. Auf den Grundstücken liegen Wasserrechte, die man beim Kauf eines Hauses in Form von Wasseraktien erwirbt. Unser Gelände beispielsweise wird Tag und Nacht durch ein Rohr, das in der Minute 2 - 3 l Wasser liefert, gespeist. Hoffentlich bleibt uns dieses „Sesam öffne Dich" noch recht lange erhalten, denn nach Meinung vieler Fachleute sind bereits einige Wasservorkommen durch Austrocknung gefährdet. Der Bananenanbau ist einer der Gründe für den relativ hohen Wasserverbrauch auf unserer Insel.

Nie habe ich mir Gedanken darüber gemacht, wie eine Banane wohl wächst, und wahrscheinlich geht es mir da nicht viel anders als

vielen Leuten der westlichen Welt, die die „Frucht mit dem Reißverschluß" aus dem Supermarkt nach Hause tragen. Es ist ein besonders raffiniertes, in der Kultur allerdings auch sehr aufwendiges Verfahren, das sich Mutter Natur da hat einfallen lassen.
Diplom-Agraringenieur Klaus Merckens, Berater für ökologischen Landbau und biologisch-dynamische Wirtschaftsweise aus Santa Cruz de la Palma, hat mit dem Bananenanbau viel Erfahrung. Hier sein Bericht in Auszügen:

Ohne Zweifel zählt die Banane heute in den Tropen und in Teilen der Subtropen zu den wichtigsten Obstarten. In vielen Ländern zählt sie zu den Grundnahrungsmitteln. Insbesondere in den letzten 25 Jahren ist ihre Bedeutung stets gestiegen, und heute erreicht sie eine Jahresproduktion von ca. 62 Millionen Tonnen. Hauptanbauländer der Obstbanane sind Brasilien, Indien und die Philippinen; innerhalb der EG sind die Kanarischen Inseln mit ca. 400000 t Jahresmenge größter Produzent.
Am besten gedeihen Bananen in einem feuchtheißen Tropenklima. Eine Ausnahme hiervon bilden die kanarischen Zwergbananen, die wesentlich robuster sind als die in den Tropen angebauten großwüchsigen Sorten.
Das Besondere an der Fruchtbildung der Banane ist, daß die männliche Blüte gar keine Rolle spielt. Das in der Natur relativ seltene Phänomen der Parthenokarpie, der Fruchtbildung ohne vorhergehende Bestäubung, läßt bei den Bananen fingerförmige Scheinfrüchte entstehen, die sich innerhalb von etwa drei Monaten zu den uns bekannten Früchten entwickeln. Auf den Kanarischen Inseln müssen dabei von jedem Finger die Überreste der weiblichen Blüte abgeschnitten werden, um eine Fäulnisbildung zu verhindern. Dieses sehr arbeitsaufwendige Verfahren ist neben den hohen Bewässerungskosten ein Hauptgrund für die - im Vergleich mit mittelamerikanischen Bananen - höheren Preise, die notwendig sind, um wirtschaftlich arbeiten zu können.
Jede Bananenstaude trägt nur ein Fruchtbündel und stirbt danach ab. Dies erscheint sonderbar, wenn man sich die ungeheure Masse an pflanzlicher Substanz, die von der Bananenstaude gebildet wird, vor Augen hält. Die vegetative Entwicklung der Staude dauert etwa 12 Monate. Ist diese beendet, schiebt sich der Blütenschaft heraus, an dem sich das Fruchtbündel entwickelt. Dieser Prozeß dauert nochmals sechs Monate, so daß von dem

Augenblick, wo der Schößling aus dem Wurzelstock hervorgetreten ist, bis zur Erntereife etwa 18 Monate vergehen.
Nach der Ernte wird die Staude abgeschlagen, um den neben ihr bereits heranwachsenden Tochterpflanzen Platz zu machen. In vielen Fällen sind an einer Pflanzstelle drei Generationen gleichzeitig anzutreffen.
In einer Bananenplantage bemerkt man als erstes die schon fast unheimlich anmutende Vitalität der Stauden - es ist wie ein kleines Stück Urwald, das uns umgibt. Solche Mengen an pflanzlicher Substanz können ganz offensichtlich nur gebildet werden, wenn ausreichend Humus vorhanden ist und das Bodenleben aktiv an der Umsetzung der organischen Substanz arbeitet. Daher ist es nicht erstaunlich, daß Bananenpflanzen außerordentlich gut auf organische Düngung, insbesondere auf die Mulchtechnik mit organischen Substanzen, ansprechen.
Im konventionellen Anbau wird mit hohen Mineraldüngergaben und einem intensiven Pestizideinsatz gearbeitet. Inzwischen jedoch ist die Erkenntnis, daß ein Ausweg gesucht werden muß, der verstärkt die natürlichen Gleichgewichte berücksichtigt, immer häufiger anzutreffen.
In verschiedenen Versuchen, die seit einigen Jahren auf La Palma und Teneriffa durchgeführt werden, hat sich gezeigt, daß eine Mulchauflage unter den Bananenstauden die Wachstumsbedingungen äußerst positiv beeinflußt. Die Bodenschädlinge werden deutlich dezimiert - der erste Schritt zur Wiederherstellung des Gleichgewichtes bei den Bodenorganismen. Um dem hohen Nährstoffbedarf gerecht zu werden, muß eine für mitteleuropäische Verhältnisse schier unvorstellbare Menge an organischer Düngersubstanz aufgebracht werden: pro ha und Jahr ca. 250000 kg. Daß dies alles aus dem biologischen Kreislauf stammen kann, ist allein schon eine Besonderheit. Daß dadurch aber auch ein für die Bananen besonders geeignetes Umfeld geschaffen wird, zeigt die Überlegenheit sinnvoll gestalteter ökologischer Methoden gegenüber den konventionellen. Mit einem ausgefeilten System konnten im ökologischen Anbau Durchschnittserträge von 45,2 kg je Fruchtstand erreicht werden.
Zum Abschluß noch ein Hinweis auf die Nacherntebehandlung der Bananen. Da der Weg von der finca bis zu den Verbraucherinnen und Verbrauchern sehr weit, die ausgereifte Banane jedoch äußerst druckempfindlich ist, werden die Früchte grundsätzlich

grün geerntet und die Fruchtbündel in besonderen Packhallen geschnitten, gewaschen und verpackt. Während dieses Vorgangs werden sie im allgemeinen mit Fungiziden behandelt, die einen Schimmelbefall während des Transports verhindern sollen.
Bei ökologisch angebauten Bananen ist dieses Verfahren natürlich undenkbar. Es hat sich jedoch gezeigt, daß einige ätherische Öle, besonders die von Thymian und Kamille, die gleiche Wirkung haben, wenn sie dem Waschwasser anstelle des Fungizids beigegeben werden.

Die Kanarische Kiefer

Eine der Pflanzen, die mich hier auf La Palma von Anfang an in den Bann zogen, ja geradezu eine Faszination auf mich ausübten, waren die Kiefern, die in großer Zahl ab einer gewissen Höhe in den Bergen wachsen. So oft es meine Zeit erlaubte, wanderte ich zu ihnen hinauf, um ihren unvergleichlichen Duft einzuatmen, und nirgendwo fühlte ich mich so wohl und „beschirmt" wie unter ihren grünen Dächern.

Daß es eine ganz besondere Bewandtnis mit diesen Bäumen hat, erfuhr ich eines Tages von Marie-Luise Aschoff aus Wuppertal, die mir ihre soeben veröffentlichte Studie über die Kanarischen Kiefern schickte. Wir fanden ihre Ausführungen äußerst interessant und versuchten auf der Stelle, diese wundervolle Pinienart bei uns im Garten anzusiedeln. Da wir in der Nähe unseres Hauses vereinzelt welche wachsen sahen, hofften wir, daß auch unser Versuch glücken

würde, so daß schon in Kürze ein unfangreicher Pinienhain unserem Gemüse Schatten und Wasser spenden könnte. Bis jetzt sehen wir leider nur eine einzige heranwachsen, und bei zwei anderen besteht noch Hoffnung, daß eines Tages doch noch richtige Bäume aus ihnen werden. Vielleicht behagt ihnen unsere Lage in 500 m Höhe doch nicht so sehr, oder vielleicht hatte ich in der Pflanzzeit nicht genug Muße, mich um meine Schützlinge ausreichend zu kümmern. Aufgeben ist jedoch nicht so schnell meine Sache. In der Regenzeit, wenn die Anwuchschancen besonders günstig sind, werden wir sicherlich einen erneuten Versuch unternehmen.

Bei Frau Aschoff möchte ich mich herzlich für die freundliche Genehmigung des Abdrucks bedanken.

Keine Rettung vor weltweiter Versteppung - oder doch?
Weite Gebiete auf der Erde versteppen unaufhaltsam und vergrößern so die bestehenden Wüstengebiete. Dieser Trend schien ein unausweichliches Schicksal zu sein. Daß es aber einen Weg der Umkehr gibt, machen meine Beobachtungen auf den Kanarischen Inseln deutlich. Auch dort drohte - wie in den Mittelmeerländern - aufgrund der rigorosen Abholzung eine Versteppung und infolgedessen eine immer stärker auftretende Wasserknappheit. Mit der zunehmenden Versteppung geht eine unangenehme Änderung des Klimas einher, die dazu führt, daß der Regen ausbleibt, so daß Neuanpflanzungen verdorren.
Alle Wüstengebiete haben eines gemeinsam: die großen Temperaturunterschiede zwischen Tag und Nacht. Dieser Umstand hat zur Folge, daß die Luft die Feuchtigkeit nachts in Form von Tau abgibt. Obwohl es über 150 Tage nicht geregnet hatte, waren z.B. im trockenen Süden von Gran Canaria die Autos nachts stets mit dicken Wassertropfen bedeckt. Anläßlich einer Inselrundfahrt auf Gran Canaria erfuhr ich zu meinem größten Erstaunen, daß es hier einen Baum gibt, der in der Lage ist, in der Nacht viermal mehr Wasser aus der Luft aufzunehmen, als er selbst benötigt. Es handelt sich um die Kanarische Kiefer (pinus canariensis), *die eine Höhe von ca. 30 m erreicht. An ihren etwa 30 cm langen Nadeln kondensiert das Wasser aus der Luft und fließt hinab zur Erde. Auf diese Weise gibt jeder Baum im Jahr rund 1500 l Wasser ab! Zu ihren „Füßen" lassen sich daher Gemüsearten wie Tomaten, Gurken, Bohnen, Salat usw. ziehen, ohne daß diese gegossen werden müssen.*

Vor einigen Jahren begann man, diese Kiefer in großen Mengen anzupflanzen. Auf Teneriffa beispielsweise erreichte man durch die Anpflanzung von Millionen Exemplaren der Kanarischen Kiefer, daß der Höhenzug im Innern der Insel bis in Höhen um 1500 m inzwischen dem Schwarzwald gleicht. Das sich im Boden ansammelnde Wasser wird durch dicke Rohre, die man in den Berg hineingetrieben hat, zu den bewohnten Gebieten und Plantagen geleitet. Auf diese Weise konnte auf Teneriffa das Wasserproblem gelöst werden, obwohl der Tourismus noch ansteigt.

Eine weitere positive Eigenschaft der Kanarischen Kiefer zeigt sich nach einem Waldbrand. Die Bäume sehen außen am Stamm schwarz und abgestorben aus, doch nach einiger Zeit kommen überall neue grüne Triebe zum Vorschein, so daß von dem Waldbrand bald keine Spur mehr zu sehen ist. Aus diesem Grund pflanzt man inzwischen in Kanada in den ausgedehnten Wäldern zwischen den Bäumen überall Kanarische Kiefern.

Es ist mit Sicherheit ein lohnenswerter Versuch, die Kanarische Kiefer überall dort anzusiedeln, wo in Küstennähe große Trockengebiete anzutreffen sind, wie auf vielen Mittelmeerinseln, z.B. auf Sardinien, aber auch in Arabien und Afrika, vor allem in Namibia.

Marie-Luise Aschoff

Weihnachten 1992

Unversehens war unser erstes Weihnachten auf La Palma herangekommen. Vor dem Fest stiegen wir noch einmal hinauf in unseren *barranco*, um für unser Weihnachtsmahl von den wildwachsenden Bäumen noch ein wenig „einzuholen". Besonders die Edelkastanien, die wir in letzter Zeit schon sehr genossen hatten, lagen noch immer in großer Menge unter den Bäumen. Wir konnten gar nicht genug davon bekommen, denn bald schon würden sie nicht mehr zu genießen sein. Auch einige *dunos* wanderten noch hinein in unsere Rucksäcke. Sie schmeckten um diese Jahreszeit zwar nicht mehr ganz so vollmundig wie im Sommer, doch als Nachtisch mochten wir sie immer noch gerne.

An Heiligabend stürmte und regnete es. Wir schlossen unsere inzwischen so schön wasserdichten Fensterläden und Türen und zündeten ein paar Kerzen an, die ich auf Kiefernzweige gesteckt hatte. Diese schmückten wir mir kleinen Äpfeln, den kleinen Lampions der Kapstachelbeere, mit den leuchtendroten wie kleine Fläschchen geformten Früchten der Baumtomate sowie mit orangeroten Mandarinen. Dazwischen hingen ein paar Kastanien in ihrer stacheligen Umhüllung, die von Natur aus mit einem eigenen Aufhänger versehen sind. Es sah alles sehr hübsch aus in dem dunklen Grün der Kanarischen Kiefer. Alle diese Früchte hatten uns das ganze Jahr über so trefflich genährt; nun konnten wir sie voller Dankbarkeit im Lichterglanz bewundern.

Unsere Gedanken und guten Wünsche wanderten hinaus in alle Welt, zu unseren Kindern, Enkelkindern und dem Urenkelchen, das vor kurzem geboren wurde, sowie zu allen guten Freundinnen und Freunden. Über den Äther fühlten wir uns so mit ihnen verbunden, daß keine Wehmut aufkommen konnte. In festlicher Stimmung und bei schöner Musik verzehrten wir unsere mitgebrachten Früchte zusammen mit den hübsch angerichteten Salaten und Gemüsen und schliefen dann tief und fest in den Weihnachtsmorgen hinein.

Der brachte uns eine Überraschung, die wir hier schon oft erlebt haben: Innerhalb kurzer Zeit kann die Insel völlig ihr Gesicht verändern. Es kommt vor, daß an einem sonnigen Morgen mit strahlend blauem Himmel ein etwas stärkerer Wind vom Meer heraufzieht, und plötzlich ist die Welt wie umgewandelt. Im Nu schiebt sich drohendes Gewölk vom Westen her über uns - düster, unheilverkündend und drohend. Wir werden daran erinnert, daß wir nur ein winziges Eiland sind im unermeßlich weiten Ozean, nicht mehr als ein winziges Pünktchen auf dem Atlas, das allen Naturgewalten schutzlos ausgeliefert ist. An diesem ersten Weihnachtstag jedoch stellte sich - ganz unerwartet nach den Unwettern der vergangenen Adventswoche - ein herrlicher Sonnentag ein, und dieses Wetter hielt die ganzen Feiertage über an.

Wir legten eine kleine Ruhepause ein von Gartenarbeit und Schreibmaschine, wanderten ein wenig und genossen die Feiertagsstimmung. Endlich fanden wir auch einmal die Muße, ein wenig Rückschau zu halten. Am Abend saßen wir wieder unter dem duftenden Weihnachtsbaum und erzählten uns von unseren vergangenen Festtagen, die ja nicht unsere gemeinsamen sind. Die Erinnerung kehrte zurück zu ihren Freuden, zu den Stunden im Kreise unserer Familien, doch auch zu der oft damit verbundenen Hektik vor dem eigentlichen Fest und dem Konzentrieren auf rein äußere, materielle Dinge. Wir dachten an Geschenke, die in beängstigend überfüllten Kaufhäusern gekauft werden mußten, an Enttäuschungen, weil Wunschzettel nicht in Erfüllung gegangen waren, an voll beladene Festtagstafeln und an die damit verbundene schwere Arbeit.

Wir sahen wieder die üppigen Menüs vor uns, die doch dem Sinn dieses Festes sehr widersprechen - Braten, Weihnachtsgänse und Silvesterkarpfen. Schon in unseren keineswegs begüterten Elternhäusern waren diese Mahlzeiten obligatorisch, und sie setzten sich dann auch durch unsere Ehejahre fort, nur zwangsweise unterbrochen durch die Kriegs- und Nachkriegsjahre, die uns und unseren beiden Familien äußerste Notzeiten brachten. Doch selbst diese wurden noch, wenn irgendwie möglich, mit einem Weihnachtsbraten, ganz gleich welch zweifelhafter Herkunft, „verschönert"; er gehörte einfach dazu, er war sozusagen das Rückgrat des ganzen Festes. Darüber machten wir uns damals auch keine Gedanken - so war es eben, so hatten es unsere Eltern und Großeltern vorgelebt, und so gaben wir es auch an unsere Kinder und zum Teil auch noch an unsere Enkelkinder weiter.

Daneben das Bild von Jesus in vollkommener Armut in der Krippe liegend, umstanden von Ochs und Esel mit wundersam großen, fragenden und so friedvollen Tieraugen. Unversehens kommt unser Gespräch wieder einmal auf den Vegetarismus im allgemeinen und seine Bedeutung aus heutiger Sicht. Keine Zeit des Jahres erscheint mir geeigneter, sich mit diesem Thema auseinanderzusetzen, als die Weihnachtszeit.

Der Vegetarismus hat viele Gesichter. Wenn man bei Einladungen Fleischgerichte dankend ablehnt, trifft man noch immer allzu oft auf Unverständnis. Am ehestens wird noch akzeptiert, wenn man auf Fleisch - vor allem Schweinefleisch - aus gesundheitlichen Gründen und auf ärztlichen Rat hin verzichtet. Doch das entspricht eben nur der halben Wahrheit. Wenn man nicht an dem furchtbaren Elend des Viehs, vor allem bei der Massentierhaltung, mitschuldig werden möchte, wird diese Haltung vielleicht noch aus einem Hang zur Tierliebe akzeptiert.

Erklärt man aber, man ernähre sich unserer ohnehin schon schwer gebeutelten Erde zuliebe fleischlos, dann kann kaum jemand etwas mit diesem Argument anfangen. Durch die Massentierhaltung fallen jährlich pro Person 3 t Gülle an, die zum großen Teil auf den Äckern verteilt werden und für die Nitrat- und Phosphatbelastung von Boden und Grundwasser mitverantwortlich sind. Durch das Aufbringen von Jauche, Stalldung, Fäkalien und stickstoffhaltigem Handelsdünger der chemischen Industrie kommt es sowohl zu Insektenplagen als auch zu neuen Schädlingen auf den Äckern und in den Gärten.

Auf wenig Verständnis trifft die Begründung, die vegetarische Ernährung komme der notleidenden und unaufhörlich wachsenden Bevölkerung in der sogenannten Dritten Welt zugute, denn wir verzehren ihre Nahrung, wenn wir unseren Lebensmittelbedarf über den Umweg Fleisch decken. Wenn sich alle Menschen in der westlichen Welt vegetarisch ernähren würden, könnte man jeder hungernden Person vier Tonnen Getreide geben - ein Rechenbeispiel, gewiß, das angesichts der heutigen Macht- und Verteilungsverhältnisse keine realistische Option darstellt; zur Verdeutlichung der Situation jedoch dient es allemal.

Natürlich war die Änderung unserer Lebensweise ein lange andauernder Prozeß. Auch wenn zuvor schon Zweifel an der Richtigkeit unseres Verhaltens aufgetaucht waren, war es von der Überlegung bis zur Tat, zur völligen Abkehr vom Fleisch, doch ein langer Weg. Und erst nachdem wir durch viele schwere, langjährige Krankheiten und Leiden gegangen waren, fanden wir den Weg zu der für uns richtigen Lebensform.

Herr, ernähre uns mit reiner Speise,
mit Tau und ungetötetem Gericht,
mit jener Nahrung, die wie Andacht leise
und warm wie Odem aus der Erde bricht.
                                Rainer Maria Rilke

Rückblick

Der Kreis schließt sich

Heute ist der 17. Januar - ein denkwürdiger Tag. Genau vor einem Jahr betraten wir diese Insel und waren stolz, unsere kleine *finca* unser Eigentum nennen zu können. Damals blühten schon die ersten Mandeln; in diesem Jahr sind sie noch nicht ganz so weit. Nur oben, in „unserem" *barranco*, entdeckte ich heute morgen die ersten Blüten. Der Kreis des Jahres hat sich wieder geschlossen.

Was für ein ereignisreiches Jahr es war! Wir haben allen Grund, voller Dankbarkeit darauf zurückzuschauen. Freilich hatten wir auch einige Blessuren hinzunehmen, sie bleiben nie aus. Doch wir erfreuen uns einer sehr guten Gesundheit und sind glücklich über jeden Tag, den wir hier erleben dürfen. Am Ende eines langen, arbeitsreichen Weges ist es uns vergönnt, ein Leben ganz nach unseren Vorstellungen zu führen. Wie gut, daß wir vor unserer Übersiedlung nicht auf die warnenden Stimmen gehört haben, sondern ganz nach unserem Gefühl handelten - wir hätten den schönsten Teil unseres Lebens verpaßt! Je länger wir hier sind, desto mehr lieben wir unsere Insel, und um nichts in der Welt möchten wir unser „Eulennest" auf La Palma eintauschen. Längst haben wir eingesehen, daß es naiv war zu glauben, wir könnten hier innerhalb einer kurzen Zeit einen zweiten Mulchgarten wie in Rolfshagen aufbauen. Inzwischen haben wir gelernt, geduldig das hinzunehmen, was die Natur nach ihrem Vermögen und gemäß ihrem Jahresrhythmus zu geben bereit ist. Auch haben wir verstanden, daß wir Eindringlinge sind, die diesen zum Teil noch gänzlich ursprünglichen Boden zu zähmen und umzuwandeln versuchen, um ihn unseren Wünschen gefügig zu machen. All die kleinen und großen Lebewesen, die auf und in ihm leben, haben mindestens genauso viele und meist sehr viel ältere Rechte, dazusein und sich ihren Anteil an ihm zu eigen zu machen. Und wir sind zufrieden, daß wir nach diesem ersten Jahr bereits auf zahlreiche Erträge aus unserem Garten zurückblicken können.

Wieviel wir gelernt haben in diesem Jahr! Beim Durchlesen einiger Kapitel über unser neues Leben auf La Palma, die zu Anfang entstanden sind, sind mir inzwischen auch einige Bedenken gekommen. So habe ich einige Male erwähnt, daß es auf den Bergen und in den *barrancos* unzählige Bäume und Sträucher mit wildwachsenden Früchten gibt. Dies kann den Eindruck erwecken, La Palma sei ein einziger Garten Eden, wo man sich nach Herzenslust bedienen könne an all den Köstlichkeiten, die da ringsum ohne eigenes Zutun gedeihen.

Dieser Eindruck wird noch durch die Tatsache verstärkt, daß es nirgendwo Zäune gibt, die - wie wir es von Deutschland her gewohnt sind - eindeutige Besitzverhältnisse demonstrieren würden. Wenn man dann hoch oben in den Bergen und in den *barrancos*, weitab von jeder menschlichen Behausung, auf Wanderungen die schönsten Obstbäume entdeckt, vollbehangen mit herrlichen, oft schon überreifen Früchten, dann fällt es schwer zu glauben, daß es sich hier um Besitztum handelt, daß noch geerntet wird.

Inzwischen wissen wir, daß die Palmeros ein anderes Verhältnis zum Eigentum haben als wir. Auch wenn kein Zaun ihr Besitztum als solches ausweist, möchten sie es doch in jedem Fall respektiert wissen. Nur in den seltensten Fällen sind Zäune angebracht, weder direkt an den Häusern oder Plantagen, noch an entlegenen Grundstücken, was allein schon wegen der Entfernungen und dem oft unwegsamen Gelände auch gar nicht möglich wäre.

Das heißt nun beileibe nicht, daß die freundlichen Bewohnerinnen und Bewohner dieser Insel geizig wären! Im Gegenteil, gerade in der für uns so schwierigen Anfangszeit haben wir immer wieder erfahren, daß sie gerne und großzügig abgeben. Nur: Sie möchten unbedingt gefragt werden. Auch wenn sie selber gar nicht ernten können oder wollen und die Früchte einfach - wie es die Natur immer praktiziert - der Erde wieder anheimgeben, als Dünger und Mulch für die nächste Wachstumsperiode.

Besonders uns alten Menschen, die in zwei Kriegen bitterste Armut erfahren haben und in denen das Wissen, welche Kostbarkeit Nahrung bedeuten kann, noch lebendig ist, fiel es immer wieder schwer, an dem - scheinbar - gänzlich überzähligen Gut vorbeizugehen. Dann aber erfuhren wir, daß gerade „die Deutschen mit ihren Rucksäcken, die unterwegs sind, um sich an fremdem Eigentun zu bereichern" nicht in einem sehr guten Ruf stehen.

Inzwischen lernten wir allerdings auch die andere Seite der Medaille kennen. Genauso unangetastet, wie die Palmeros ihr Eigentum wissem möchten, gehen sie auch mit dem Eigentum anderer um. Wir können hier absolut sicher sein, daß niemand in unser Haus oder unseren Garten eindringt, geschweige denn etwas aufhebt oder sich etwas aneignet, ganz gleich, ob das Grundstück durch einen

Zaun eindeutig abgegrenzt oder frei zugänglich ist. Dies wissen wir - neben manchem anderen - als große Tugend der Einheimischen sehr zu schätzen, und wir bemühen uns, es ihnen gleichzutun. Man kann also immer dann pflücken, wenn man ganz sicher weiß, daß es niemandem gehört, oder wenn man ausdrücklich die Erlaubnis zum Pflücken eingeholt hat.

Mein größter Wunsch ist es, mit meinen Büchern viele Menschen anzuregen, sich selbst mit eigenem Gartenbau zu beschäftigen. Vor allem für diejenigen, die ein Stück Land ihr eigen nennen oder eines pachten können, stellt die Gartenarbeit eine große Bereicherung dar, und zwar nicht nur für sich selbst. Gesunde Nahrung kann es nur geben, wenn der Boden, der sie hervorbringt, ebenfalls gesund ist. Gesunder Boden heißt: kein Raubbau, keine Verseuchung durch Gifte jeglicher Art, kein chemischer Dünger, keine Gülle und Jauche, keine maschinelle Bearbeitung, kein Umgraben und nach Möglichkeit das ständige Bedeckthalten des Bodens. So ist es unmittelbar in Ihre eigene Hand gegeben, an der Sanierung und Gesunderhaltung eines Stückchens unserer Erde mitzuwirken.

Nachwort

Bücher über die fortschreitende Zerstörung unserer Erde und die damit verbundenen Gefahren für alles Leben auf ihr, aber auch über ihren Schutz gibt es inzwischen in solch großen Mengen, daß sie ihrerseits bereits wieder eine erhebliche Belastung und Verschmutzung darstellen.

Hat es Sinn, ihnen noch ein weiteres hinzuzufügen? Kann man mit einem Buch wirklich etwas bewirken? Das Unheil, das bereits für alle sichtbar wird, die sehen und hören können und Augen und Ohren nicht bewußt verschließen, läßt Zweifel daran aufkommen, daß unser schriftstellerisches Tun tatsächlich ein Umdenken bewirken kann.

Wenn ich es nun doch wieder unternommen habe - und dies werde ich wahrscheinlich so lange tun, wie ich dazu fähig bin -, dann deshalb, weil ich für mich keine andere Möglichkeit sehe, dem ungeheuren Druck etwas entgegenzusetzen - diesem Druck, der so stark auf mir lastet, wenn ich wieder und wieder sehen muß, wie Probleme negiert, totgeschwiegen und verharmlost und Warnungen als Panikmache abgetan werden.

Die Dinge beim Namen zu nennen, ist für mich der einzig mögliche Weg neben dem Bestreben, selbst alles nur Erdenkliche im privaten Bereich zu unternehmen, damit ich so sparsam und sorgsam mit den Gütern unserer Erde umgehe, wie es nur geht.

Tijarafe, 20. Mai 1993	Magda-Helene Schröder

Die Autorin

Magda-Helene Schröder, Jahrgang 1916, widmet sich seit vielen Jahren mit Leidenschaft dem Schutz und der Erholung unserer Erde und dem biologischen Gärtnern. Bis 1992 lebte sie im Weserbergland, wo sie ihren großen Garten lange Zeit alleine bewirtschaftete. Das Buch von Ruth Stout *Mulch - Gärtnern ohne Arbeit* bewog sie dazu, ihre eigene „Mulch-Total-Methode" zu entwickeln. Seither konnte sie viele Menschen von den Vorzügen des Mulchens  überzeugen. Ihr Mulchgarten, der regelmäßig zu besichtigen war, zog über die Jahre hinweg zahlreiche Besucherinnen und Besucher an. Ihre Erfahrungen mit ihrem dortigen Garten hat sie in ihrem ersten Buch *Mein Mulchgarten - Aus dem Tagebuch einer Biogärtnerin* lebhaft beschrieben.

Magda-Helene Schröder ist aus gesundheitlichen, aber vor allem auch aus ethischen Gründen seit vielen Jahren überzeugte Vegetarierin. Da sie dennoch lange Zeit unter vielfältigen Beschwerden und verschiedenen Krankheiten zu leiden hatte, ist sie schließlich zu der Überzeugung gekommen, daß eine Ernährungsweise, die auf Rohkost basiert, für sie die richtige ist. Diese Ernährungsumstellung vollzog sie 1988; seither hat sich ihr Gesundheitszustand entscheidend verbessert.

1990 lernte Magda-Helene Schröder ihren jetzigen Lebensgefährten Horst Lange (Jahrgang 1909) kennen. Zwei Jahre später wagten beide zusammen trotz warnender Stimmen den völligen Neuanfang, verkauften Haus und Garten und siedelten um auf die kanarische Sonneninsel La Palma. Dort legten sie unter gänzlich anderen Bedingungen und einigen anfänglichen Schwierigkeiten ebenfalls einen Mulchgarten an. Ihr großer Wunsch ist es, sich so vollständig wie möglich aus dem eigenen Garten zu ernähren - und dieses Ziel rückt mit jeder Gartensaison näher.

Literaturtips

Abtei Fulda: **Comfrey - Was ist das?**
(Broschüre zu beziehen über:
Abtei Fulda, Nonnengasse 16, 36037 Fulda)

Findhorn-Gemeinschaft: **Der Findhorngarten**
Frank Schickler Verlag 1987.

Fukuoka, Masanobu, **Der große Weg hat kein Tor**
pala-verlag 1990.

Fukuoka, Masanobu, **Die Suche nach dem verlorenen Paradies**
pala-verlag 1990.

Fukuoka, Masanobu, **In Harmonie mit der Natur**
pala-verlag 1988.

Fukuoka, Masanobu, **Rückkehr zur Natur**, pala-verlag 1987.

Häberle Thomas P., **Helfen und Heilen**, Veritas Verlag 1988.

Mollison, Bill, **Permakultur konkret**, pala-verlag 1989.

Mollison, Bill, **Permakultur**, Band 1 und 2, pala-verlag 1984.

Peiter, Jamila, **Die Heilkraft der Vital-Ernährung**
Access Verlag 1991.

Reifenberger Adam, **La Palma-Handbuch**
Conrad Stein Verlag 1990.

Schröder, Magda-Helene, **Mein Mulchgarten.**
Aus dem Tagebuch einer Biogärtnerin, pala-verlag 1990.

Stout, Ruth, **Mulch - Gärtnern ohne Arbeit**
pala-verlag, überarbeitete Neuauflage 1993

Bezugsquellen

Schneckenzäune:
Keller GmbH & Co. KG
Biogarten und Gesundheit
Konradstr. 17
75100 Freiburg

Thomas Pfau
Geräte für den Umweltschutz
Juchstr. 27
CH-8116 Würenlos

Richard Guhl
90556 Cadolzburg

Schneckenrinne:
Blauetikett Bornträger
Postfach
67591 Offstein

Eokomit:
Fa. U. Jung
Postfach 107
66652 Merzig

Humofix:
Abtei Fulda
Nonnengasse 16
36037 Fulda

Wie alles anfing...

Magda-Helene Schröder begann ihre Mulchmethode mit knapp 70 Jahren, als sie noch im Weserbergland wohnte. Ihre ersten Erfahrungen mit der ganzjährigen Bodenbedeckung beschrieb sie 1990 in ihrem ersten Buch: „Mein Mulchgarten".

„Möchten Sie sommers wie winters ohne Zudecke in Ihr Bett gehen? Ganz gewiß nicht!
Wenn ich heute so mit dem Rad, der Bahn oder auch einmal mit dem Auto durch die Gegend fahre und ein Stück Gartenland sehe, fein säuberlich umgegraben, Scholle für Scholle nackt jeder Witterung ausgesetzt, der Kälte, dem Wind, den Regengüssen, der starken Sonneneinstrahlung, dann werden uralte Instinkte in mir wach: Ich möchte anhalten, aussteigen und das Gartenland liebevoll einhüllen. Ich möchte meine Daunendecke für den Garten darüber breiten: den Mulch!

Magda-Helene Schröder: **Mein Mulchgarten**
Aus dem Tagebuch einer Biogärtnerin

Paperback, 160 Seiten, 19,80 DM
ISBN: 3-923176-67-8

Der Klassiker zum Thema Mulch

Das Wort Garten-„arbeit" ist für Ruth Stout ein Widerspruch in sich. Die Amerikanerin bezeichnet das Sofa als ihr wichtigstes Gartenwerkzeug und verzichtet auf Jäten, Umgraben, Hacken und andere anstrengende Gartenarbeiten.
Ihr Geheimnis: ganzjährig mulchen. Mit Heu, Stroh, Laub, Fichtennadeln, Sägemehl, Unkraut sowie allen organischen Abfällen werden sämtliche Beete abgedeckt, so daß der Boden darunter  feucht und äußerst fruchtbar bleibt. Die schützende Mulchdecke dient gleichzeitig als Dünger.

Dieses Buch hat Magda-Helene Schröder inspiriert, ihren Mulchgarten anzulegen und darüber zu schreiben.

Ruth Stout: **Mulch - Gärtnern ohne Arbeit**
Wie man das ganze Jahr über problemlos mulcht

Paperback, 160 Seiten, 24,80 DM
ISBN: 3-923176-91-0

Ökologische Landwirtschaft

Mollison: Permakultur
2 Bände, je 24,80 DM
ISBN: 3-923176-04-x u. 05-8

Mollison: Permakultur konkret
24,80 DM, ISBN: 3-923176-60-0

Fukuoka:
Der große Weg hat kein Tor
24,80 DM ISBN: 3-923176-71-6

Fukuoka: Die Suche
nach dem verlorenen Paradies
29,80 DM ISBN: 3-923176-63-5

Rund um den Biogarten

Für viele ist er schon zum unentbehrlichen Begleiter durch das gesamte Gartenjahr geworden, der *Kalender für den Biogarten.*
Jedes Jahr enthält er viele praktische Hinweise und Informationen zum Thema „biologisch gärtnern". Das Kalendarium wird ergänzt durch die Mond-Konstellationsdaten für Aussaat- und Pflanzzeiten und durch eine Reihe nützlicher Tabellen; daneben gibt es jedoch noch viel Platz für eigene Notizen. So kann aus dem Kalender schnell ein ganz persönliches Gartenbuch werden! Mit praktischem Lesebändchen!
Gedruckt auf Recyclingpapier.

Kalender für den Biogarten
herausgegeben von Dettmer Grünefeld
jedes Jahr ab September im Buchhandel erhältlich.

Wir informieren Sie gerne über unser Programm zu den Themen Garten, Ernährung, Gesundheit und Ökologie!

pala-verlag • Rheinstraße 37 • 64283 Darmstadt